法國思想家

蒙田的人性教育

Michel de Montaigne

兒童教育、父子情、學究氣、人與人的差異，《隨筆集》中的教育思想

米歇爾・德・蒙田──著
于彩虹──譯

學習不是為了謀利和順應社會，而是為了豐富自身

一個人所受的教育是為了形成自己的思想，
而不是純粹接受知識的灌輸

目錄

CONTENTS

導言

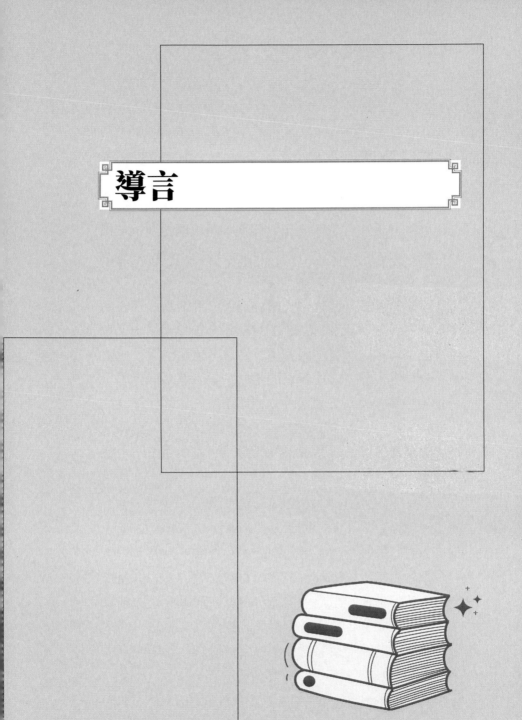

PREFACE

　　米歇爾・德・蒙田（西元 1533 ～ 1592 年），文藝復興時期法國思想家、作家，以《蒙田隨筆》三卷享譽世界。《蒙田隨筆》與《培根論人生》、《帕斯卡思想錄》並稱為歐洲近代哲理散文三大經典，對法蘭西斯・培根（Francis Bacon）、莎士比亞（William Shakespeare）等影響頗大。其本人被視為寫隨筆的巨匠。

　　蒙田的母親是西班牙人的後裔，父親則是法國波爾多附近的一個小貴族。蒙田在 37 歲那年即繼承了其父在鄉下的領地，一頭栽進藏書室，過起了隱居生活。他逃避社會現實，嚮往自由恬適的生活，除了埋頭做學問，還積極從事寫作，自西元 1572 年開始一直到西元 1592 年逝世，在長達 20 年的歲月中，他用真誠的心，堅韌的毅力陸續寫出了百萬字的《蒙田隨筆》，為後代留下了極其寶貴的精神財富。

　　《蒙田隨筆》內容包羅萬象，融知識和經驗於一爐，是 16 世紀各種知識的總匯，有「生活的哲學」之稱。蒙田以睿智的眼光，靈敏的判斷力，在書中品評大千世界、眾生百態，探索人生，叩問心靈，肯定人的價值和欲望，不迷信權威經典，不完全讚美人而是深刻的剖析人。書中充滿了人性自由、科學知識的人文思想，同時記錄了自己的精神發展歷程，甚至有時進行無情的自我剖析。

　　他表達了人文主義以「人」為本的思想：「在一切形

式中，最美的形式是人的形式」；人的價值應以「本身的品質為標準」。他充分表達了對現實生活的肯定：「我熱愛生活」，「我全身心的接受它並感謝大自然為我而造就的一切」。「我」即「人性」，蒙田將人性作為最崇高、最神聖的概念。

他喜歡讓人造成這樣一種印象：他不治學，只不過是「漫無計畫、不講方法」的偶爾翻翻書；他寫的東西也不潤色，平易通暢，不假雕飾，不過是把腦袋裡一時觸發的想法記下來而已，純屬「閒話家常，抒寫情懷」。他的這種寫作心態和「結構鬆散，無條理」的風格，被狄德羅（Diderot）認為「是自然的表現」。經過四百餘年的時間考驗，歷史證明了蒙田與莎士比亞、蘇格拉底、米開朗基羅一樣是一位不朽的人物，他開創了隨筆式作品之先河，是「世上同類體裁中絕無僅有的」，也正符合四百年後當代讀者的閱讀習慣和審美。

教育問題在《蒙田隨筆》中占有重要地位。蒙田的教育思想也從懷疑論的基礎出發，他批判了學校教育對兒童身心的摧殘；他反對書本教育，反對過度記憶，反對體罰方式和種種束縛；反對向兒童灌輸現成概念，宣導品德教育，素養教育；主張因材施教，每個人的成長與發展都有自己的特點，應充分尊重孩子的個性，順應孩子的發展和能力，給予最適合的教育，不應強迫和壓制。提倡在歷練中獲得知識。

PREFACE

　　他認為學習不是為了謀利和順應社會，而是為了豐富自己。學習的好處是讓自己變得更加睿智和完善，增加自己的判斷力和實踐能力，而不是單純的儲存知識。一個人受的教育，進行的工作和學習都是為了形成自己的思想，而不是接受知識的灌輸。必須養成自己獨立欣賞、辨別和決斷的能力。他抨擊唯書和唯上的學究氣，宣導精神的獨立和自由。

　　本書節選了《蒙田隨筆》中論述教育的主要篇章，內容豐富且具現實意義，其教育觀集中於〈論對兒童的教育〉、〈論學究氣〉、〈論父子情〉這幾章中，此外，我們也可從〈論人與人的差異〉、〈論讀書〉、〈論切身感受〉這幾章汲取一些零金碎玉但非常重要的教育觀。由於譯者水準有限，譯文中或有不當之處，敬請讀者指正。

第一章
論內心漫無目的時，怎樣轉移熱情

第一章　論內心漫無目的時，怎樣轉移熱情

　　一位貴族朋友，患了很重的風溼病，每當大夫告誡他不要再吃鹹肉的時侯，他總是非常幽默的說，忍受病痛煎熬，越難受，他就越想找到出氣筒，他吼著、咒罵著鹹味香腸、牛舌和火腿，就感到片刻的輕鬆。可是，就像我們抬起手臂想打人，一旦擊不中目標而僅僅擊中空氣，顯然會產生痛感，一樣的道理，如果想欣賞讓人心曠神怡的美景，就必須避免視線消散在蒼茫的空間，而是要對準一個目標，將視線聚焦在適宜的距離上：

> 就像風，如果不是吹過森林，在茫茫的空間裡，我們什麼也看不見。

　　　　　　　　　　　　　　　　　—— 盧卡努斯（Lucanus）

　　相同的道理，當內心衝動之時，倘若缺乏目標，好像也會辨不清方向，所以，理應為精神世界尋找宣洩的對象。普魯塔克（Plutarchus）在研究那些將猴子和小狗當作寵物的人後，這樣說：人類本身的愛心，若是缺乏合理的目標，與其說面臨徒勞無功，還不如說會嬗變為虛偽和輕佻。我們認為，當內心衝動之時，與其說會放棄做某一件事情，還不如說會自我欺騙，甚而背離自我的信仰，為自己創造一個設想的標靶。

　　動物便是如此這般。每當牠們發瘋，就會報復使牠們受傷的石頭或者鐵塊，甚至會由於痛楚而自殘：

> 帕諾尼的母熊被標槍命中。
> 但是變得加倍勇猛，

無視傷口，向標槍發動襲擊，
翻滾著，對躲避的槍頭緊追不捨。

—— 盧卡努斯

　　每當我們罹患不幸，怎樣的理由不能編想出來？每當我們需要宣洩時，又有什麼事沒有膽量做？當你親近的戰友不幸中彈而死，你大可不必揪你的金色頭髮，捶你的白淨胸膛，應該做的應該是另外尋找出氣筒。當李維（Livius）談論到羅馬軍隊在西班牙痛失兩名高階將領時，說到：「那個時候全體夥伴都痛呼天搶地，捶頭頓足。」向來如此。哲學家提起某個國王因哀慟而狠揪頭髮的時候，調侃地說：「這位國王莫非認為禿頂就能減輕哀傷？」經常有人賭輸以後要出口悶氣，竟然把嚼碎的紙牌或者骰子嚥進肚裡。薛西斯一世[1]用鞭子痛擊赫勒斯旁海峽，為其戴上鐐銬，命令手下大肆鞭撻，並且向阿托斯山[2]發起挑戰；居魯士（Cyrus）橫渡日努斯河的時候曾心驚肉跳，於是下令整支部隊向日努斯河洩憤多日；而卡利古拉[3]以母親在一座房屋裡遭受痛苦為理由，便把這座漂亮房屋徹底銷毀。

　　奧古斯都（Augustus）皇帝在海上遭受暴風雨的侵襲後，於是開始挑戰海神尼普頓（Neptune），為了復仇，居然將海神像

1　薛西斯一世（Xerxes I，約西元前 519〜前 465 年），古波斯的國王，曾率艦隊遠征希臘。

2　阿托斯山，曾經被視為希臘的聖山。

3　卡利古拉（Caligula，西元 12〜41 年），羅馬帝國第三任皇帝，好大喜功、行事荒唐，是公認的典型的暴君。

第一章 論內心漫無目的時，怎樣轉移熱情

從諸神像中清理掉。還有更難以置信的：瓦魯斯將軍[4]在德國一敗塗地後，奧古斯都滿腔暴怒和絕望，頭撞牆壁，高呼：「瓦魯斯，還我將士」。如此向命運女神求助，似乎上蒼能決斷人間的紛爭，這種方式真的毫無道理，如同色雷斯人，每當雷電交加，便向空中射箭，用來抗議。但是，就像普魯塔克筆下一位古代詩人所言：

> 沒必要對困境憂愁，
> 它們絲毫不理會我們的憤怒。
> 即使如此，對我們自己的舉止失常，我們譴責得遠遠不到位。

---

4 瓦魯斯將軍（Publius Quinctilius Varus，西元前 46～9 年），曾為羅馬執政官，奧古斯都統治下羅馬帝國的政治家和將軍。因條頓堡森林戰役慘敗而自殺。

第二章
論無所事事

第二章　論無所事事

大家都了解，有很多肥腴富豐饒的土地因雜草叢生而荒蕪，若要開荒墾地、充分利用，就必須播撒糧食的種子。人的思想亦復如是。倘若大腦得不到充分利用，有所約束，思緒就會在遐想的空間中飄飛，可能就會喪失方向。

當青銅盆裡的水被風吹皺，
陽光或月光的影暈反射出來，
璀璨的光芒在空中盤旋，
直到被天花板攔住上升的通道。

—— 維吉爾（Vergil）

騷亂的內心出現的無非瘋狂，或者夢幻。如同病者夢魘，幻影重重。

—— 賀拉斯（Horace）

思想缺少明晰的目標容易迷失方向。恰如人言，無所不在就等於無處所依。

—— 塞內卡（Seneca）

近日我賦閒在家，下決心要盡情放鬆，不問世事，安享晚年，原以為讓我的頭腦徹底排空，隨心所欲的運作和停息，就是對它最大限度的保護。我想像這樣做，頭腦會加倍靈活運轉，與時推移，會越來越強大，越來越老練。但我察覺適得其反。

大腦窮極無聊，便會思想混亂。

—— 盧卡努斯

　　大腦就像脫韁之馬，終日無所事事，要比思考一件事還要多想百倍之多；我腦海裡想入非非，密密麻麻，雜蕪凌亂。為了隨時體察這種愚笨和怪異的行為，我開始用筆將之一一記下，指望日後會知恥而改過。

第三章
論說謊

第三章　論說謊

　　與世人相比，我最不適合談論記性。因為我身上沒有展露出任何證明擁有良好記憶力的跡象，恐怕我的記性差在世界上都是獨一無二的。我有各式各樣的低劣而平庸的品格，但記性差卻是超群絕倫，實屬異類，值得天下聞名。

　　即使我的記性差是天生的 —— 柏拉圖由於需求，很有道理的稱記憶為權勢炙手可熱的女神 —— 但是，在我家鄉，一旦某某人不聰明，大家就會說他沒記性，所以，每次我因為自己記性不好而自怨自艾，總會遭到大家的責備和懷疑，好像我在埋怨自己是個笨蛋。大家把智力和記憶力等量齊觀，這讓我的處境變得更加糟糕。大家責備我，也在傷害我，因為，截然相反的是，經驗顯示，記憶力好和判斷力差是相得益彰的。除此以外，他們眾口一詞的指責我的缺陷，說明他們薄情寡義，而我一向與人為善，所以，他們這樣做也是在傷害我。他們將我記性差歸咎於感覺的缺失，把一個自來的缺陷當作意識問題。他們埋怨我將種種的請求或承諾拋諸腦後，遺忘了朋友，指責我一向忘掉了為了朋友那些應該說，那些應該做，抑或哪些應該隱瞞。我固然經常忘事，可是，我從來不曾遺漏朋友的託付。我不介意大家認為我能力不足，可是不能把我的這種毛病當作居心不良，我從來不會捉弄別人。

　　我的記性差讓我感到欣慰。第一，我有了這個缺點，從而避免了另一個更加惡劣的缺點存在，那就是利慾薰心，因為若要在社交應酬中遊刃有餘，記性差是最無法忍受的致命缺點。雖然記憶力越來越差，但伴隨而來的，我其他的感知功能得到了改善，這種現象，在大自然演化中隨處可見；如果記憶力

好，我的腦海裡會充斥著別人的真知灼見，如此一來，我就和大家一樣，思維和判斷力容易被他人左右，這樣就無法激發自身的潛力和才能；因為記性差，我說話更加言簡意賅，大腦中記憶庫的儲備一般要多於想像庫，如果我的記憶力出眾，我就會滔滔不絕的和朋友們談論，憑藉這種天賦，讓我的言辭犀利而又引人注目。那就太可悲了。我曾經在我的幾個好朋友那裡得到了證明：他們回憶起了事情越來越多的細枝末節，他們的陳述就越來越囉哩囉嗦，即使故事原本引人入勝，也會因冗長而變得不出色；如若故事本身就不精彩，你就會更加懷疑他們的記性差了或是他們的見地不高。講話一旦開始，要想結束或從中間打斷是很困難的，就像野馬很難猛的停下。即使我認識很多說話不愛拖泥帶水的人，一旦起了話頭，想很快結束談話也很困難。他們一直在找恰當的結束時機，卻又一直找不到，給人的感覺就像疲憊不堪的人拖著沉重的腳步。尤其老年人更甚，他們對很久以前的事記憶猶新，但總會忘記同一件事已經重複了上百遍了。我曾有這樣的感受，故事明明很有趣，但被一個紳士說出來，變得味同嚼蠟，只是因為聽眾都已經聽過上百次而變得厭煩。我因記性差而欣慰的第二個理由，古人說得好，我很少對曾經的恥辱耿耿於懷，否則，我身邊就得時刻站著一個專職提詞的人，想起波斯國王大流士（Darius），為了銘記雅典人給他的恥辱，每當進餐時，就有一個侍從在他耳邊提醒三次：「主人，莫忘雅典人。」當我重讀舊書，重遊故地，我總會像初見那般新奇。

有這樣的說法，對自我的記憶力沒有自信的人，不要企圖

撒謊，我覺得很有道理。我了解，語言學家對說假話和撒謊是明確區分的。他們認為，說假話是指客觀上說出事實雖不正確的，但自我卻也深信不疑的事；而撒謊一詞來自拉丁語（我們的法語也源於拉丁語），這個詞的本身有主觀上違背良心的含義，所以只涉及某些言不由衷的人，這種人就是我的談論對象。但是，這些人要麼憑空捏造主要的或全部情節，要麼掩飾或歪曲真相。一旦在同一件事上多次遮掩和歪曲，就很容易露出破綻，因為真相透過耳聞目睹已在頭腦裡先入為主，牢不可破，它會時常浮現在腦海中，牴觸沒有根基的虛構，而那些最初得到的情節，每次都會潛移默化影響我們的思考，使我們遺忘那些曾經扭曲過的細節。至於那些純屬虛構的東西，因為沒有相悖的印象來揭破，他們就對自己的胡編亂造自鳴得意了。事實遠非如此，由於內容空泛寡淡，不合實際，連自己也很容易忘掉。我見過不少這樣的人。還有更可笑的，這些人擅長見風使舵，在上司跟前極其討喜。他們絲毫不顧及信譽和良知，面對不同的環境，他們的說法也得時刻變化，面對同一件事，他們信口雌黃，時而灰色，時而黃色；當著這個人這樣說，當著另一個人又那樣說。倘若他們偶爾想要炫耀戰利品，把數次互相牴觸的話擺在一起，對這種信口開河的本事又會怎麼想呢？上的山多終遇虎，他們不只是會常常難堪，同時得具備多麼好的記性呀，畢竟要記住對同一件事捏造的多種說法！我發現世人多渴望被美譽為謹慎，卻不曉得盛名之下，其實難副。

　　實事求是的講，撒謊應該因為是一種惡習而受到詛咒。語言是我們維持人際關係的紐帶。相比其他罪惡，假如我們對撒

謊的危害和醜陋認知充分的話，對它就會更嚴厲。我發現，人們通常會因為孩子們的小小過失常常會受到大人們的嚴厲懲罰或折磨，哪怕是無辜而天真的失誤，哪怕是微不足道的冒失，哪怕沒有造成任何影響和後果。我認為，僅有撒謊和略微次要的固執，才是我們隨時需要提防潛滋暗長的關鍵缺點。這兩種缺點會與孩子們的成長相伴相生。最為重要的是，一旦開始撒謊，再想擺脫就無能為力了。所以，我們經常發現，一些原本誠實的人，一旦撒了謊，便會泥足深陷，掙脫無門了。例如我的一位稱職的裁縫朋友，從來不曾說實話，哪怕說實話對他有利。

假使謊話像真理那樣，僅有一副面孔，還好相處一些，畢竟那樣我們可以不假思索的反面理解謊言。但是，謊話的面孔千變萬化，想要確定它的範圍真是無計可施。

按照畢達哥拉斯派[5]的善惡觀，善是有限的，惡是無限的，善是可界定的，惡是不可界定的。千百條路都到達不了目的地，到達目標的路僅有一條。當然，如果撒一個無恥的假正經的謊言，能夠躲避一個明顯的後果嚴重的危機，我也很難保證自己能絕不撒謊。

一位先賢曾言道，寧可與老狗相伴，也不要跟話不投機的人同行。所以，「對待陌生人時，就像他不是人」。在人際互動中，謊話連篇比三緘其口更令人反感。

---

5 畢達哥拉斯派（Pythagoreanism），古希臘哲學家畢達哥拉斯創立的學派，亦稱南義大利學派，是一個集政治、學士、宗教三位於一體的組織。

第三章　論說謊

　　法蘭索瓦一世[6]曾將炫耀自己的人駁斥得啞口無言，無地自容，那是一位米蘭公爵的特使，因伶牙俐齒而聞名。公爵因一件要事而特遣這位使者受前來道歉。我有必要交代一下事情的原委。法蘭索瓦一世之前被驅逐離開義大利，但他並不想跟義大利，乃至米蘭公爵領地鬧僵，所以，決心委派一名使節，以個人身分、私人理由面見公爵，同時掩飾自己因公的意圖。米蘭公爵法蘭切斯科・斯福爾扎（Francesco Sforza）剛剛和洛林寡婦締結了婚約，她是神聖羅馬帝國皇帝查理五世（Karl V）的姪女，丹麥的公主，繼承了亡夫一大筆遺產，所以，此時正是公爵無比依賴查理五世的時候，為了確保利益，他非常害怕皇帝陛下得知他與法國人的私相授受。法國國王派出的特使是皇家馬廄總管，米蘭人。此人用一封推薦信作為掩護，暗中攜帶絕密國書來到米蘭。但是，他長時間留在公爵身邊的現象引起了查理五世的懷疑，結果可以想像：公爵連夜殺掉使者並做出謀殺的現場，並僅用兩天就草草結案。法國國王照會所有基督徒國王和米蘭公爵本人要求做出解釋，因此，米蘭公爵的特使提供了一份精心準備的、有悖事實的的長篇推論。國王早朝上，他洋洋灑灑敘述了眾多自圓其說的論據，來證明使者被殺均屬偶然。他說，他的主人從來只認為使者是因私事覲見的紳士，那人也從未表明其他身分；米蘭公爵矢口否認知悉那人是國王隨從這件事，所以，把他當作正式使節就無從談起了。法蘭索瓦一世提出了諸多疑點，咄咄逼人，最後逼他明確回答究竟

6　法蘭索瓦一世（Francis I of France，西元 1494 ～ 1547 年），法蘭西瓦盧瓦王朝國王，法國歷史上最受愛戴的國王。

是否於夜間祕密殺害了法國使節。事到如此，公爵特使疲於應對，最終承認了，並回答說，因為非常尊重國王陛下，所以公爵未敢在白天公開行刑。可想而知，他在法國國王面前破綻百出，是多麼的狼狽，多麼的羞愧。

儒略二世教宗（Pope Julius II）為了反對法蘭索瓦一世，特地派使者遊說英國國王出兵。當使者說明來意後，英王回信表示為難，法國國力強盛，對付起來絕非易事。然後列出了種種理由。使者回答說，他自己也充分評估過這些困難，並勸諫過教宗。這種回答很不恰當，與他煽動英王馬上出戰法國的使命相悖，同時為英王提供了很充分的推託之詞，那就是連使者本人都祖護法國。英王回覆教宗後，使者被剝奪財產，險些喪命。

第四章
論語速

第四章　論語速

　　不是每人都是全能的。拿口才來說。有的人能言巧辯，語速快，能夠隨機應變，八面玲瓏；而有的人則從容不迫，除非思考再三，否則絕不開口。就像有人建議女子應該根據每人與眾不同的優點進行適合自己的健美訓練，對於口才，也要因材施教：由於現在最離不開口才的職業是教師和律師，我提議，語速慢的人最好去教書，而語速快的人最好去做律師。因為教師有充足的時間進行準備，上課循序漸進，不會停頓；而律師的職業特質要求隨時辯駁，對方的反詰不能事先預料，會打亂你既定的思路，所以一定要情急生智。

　　我覺得，做事果斷、機靈是因為性格；而從容、緩慢是因為理性。一些人若是事先沒有準備，就會瞠目結舌，還有一些人事先沒準備竟然比事先有準備講得更精彩，這兩種情況都讓人難以理解。有這樣的說法，有一個人脫口而出的演講更能引人入勝；他其實一點也不努力，但善於急中生智。他講話一旦被擾亂，反而更能遊刃有餘，他的對手若是膽敢刺激他，被激怒的他更是辯才無敵。出於經驗，我覺得這種天賦和事先深思熟慮是相悖的，假如不能盡騁其長，也就毫無意義。固然，有些事情難度很大，需要夜以繼日，費盡心機。可是，除了這些，越是想盡善盡美，越是刻苦鑽研，隨機應變的天賦就越難得到施展，很難揮灑自如，就如同波濤澎湃的海水難以經過逼仄的管道一樣。

　　上述的這種臨場表現天賦還有這樣的特點：它不能被激烈感情突然的震撼和打擊，比方說不能受到激怒一樣的境遇，由於感情過於激烈會讓人張口結舌，啞口無言；它需要的不是震

驚，而是激發，它需要意料之外、生疏場景的激發和振作。缺少了外界的影響，它只會懶散拖拉，垂頭喪氣。刺激給了它活力及力量。

我本人做不到得心應手的駕馭和控制自我。意料之外的狀況更能激發我的潛力。場面、朋友或者我自己發出的雜訊，能給我更大的刺激，相較潛心鑽研更能開發我的思維。

所以，如果非要分出高低，我覺得說話的價值比寫文章更大。

我經常有這樣的時候，越是探尋內心，就越無所得，信手拈來竟比斟酌再三效果更好。我寫作時，可能不會費心推敲（我的意思是，在別人眼中，我太粗糙，而我覺得卻已經再三斟酌了。算了，不必文質彬彬，每人看法不同）。這種精益求精的精神，我已完全喪失，導致我很難回想起自己當時想表達的意思，有時，外人比我更先覺察出我文章中的精彩片段。一旦我全部剔除隨性寫出的文字，那我自己也就毫無價值了。隨性寫出的文字，更加絢爛奪目，其光彩堪比正午的陽光，我不知道自己為什麼還要遲疑。

第五章
論堅韌

第五章　論堅韌

　　勇猛和堅韌與我們盡己所能的躲避危險並不矛盾，也並不意味著無視障礙和意外，完全不顧慮它們的突然臨頭。恰恰相反，所有未雨綢繆的真實做法不但是正當的，而且值得讚賞。所說的堅韌，更多的是指對無能為力的意外能夠坦然承受。所以，倘若能夠充分利用身體的敏捷或握著的兵器，成功躲避攻我不備的偷襲，都是真正的好辦法。

　　在古代，很多善戰的民族視逃跑為重要的策略，這種將後背交給對手的方式實則比直面對手更驚險。

　　土耳其人尤其擅長這種做法。

　　柏拉圖曾記錄一件事，蘇格拉底諷刺拉凱斯[7]，後者將勇敢定義為：與敵交戰中頑強的守住陣地。蘇格拉底說；「什麼？先將陣地讓給敵人再伺機反攻的謀略能說成膽怯嗎？」他還舉了例證，荷馬曾經贊成艾尼亞斯[8]的走為上計。從那以後，拉凱斯改正了觀念，認可斯基泰人和騎兵也精通逃跑的謀略，此時，蘇格拉底又擺出了斯巴達步兵的例子：斯巴達民族是最驍勇善戰的，攻陷布拉的城的時候，因為無法突破波斯軍隊的方陣，斯巴達軍隊佯裝敗北逃散，造出敗退的假象，迷惑波斯人追趕，這樣能很好的衝擊方陣。斯巴達人用此方法獲得了最終的大捷。

　　還有斯基泰人，有這樣的記載，當大流士皇帝領雄兵征討他們之時，憤怒詰問他們的國王為何一味的不戰自退，躲避交

7　拉凱斯（Laches，西元前 475 ～前 418 年），伯羅奔尼撒戰爭中的將軍，蘇格拉底的密友。

8　艾尼亞斯（Aeneas），特洛伊王子，城破時背著父親逃出去。

鋒。對於非難，斯基泰國王回答說，他撤退既不是畏懼大流士，也不是害怕別的什麼人，而是他的民族行走的正常手段；由於他們既沒有耕地，也沒有固定的城堡和家鄉，從而有效避免敵人的攻擊；可是，倘若認為他十分得意這種做法，原因是他想距離祖先的墓地更近些，在那裡大流士能找到面對面說法的對手。

　　但是，展開炮戰之時，就像打仗時經常遇到的情況，若是已經被炮對準，是不能慌忙躲避的，畢竟炮彈的威力太大，速度太快，使人想躲也躲不開。但不免有人企圖用抬手或貓腰的方式來躲開炮彈的襲擊，僅僅能惹來旁邊戰友的恥笑。

　　查理五世攻占普羅旺斯時，居阿斯特侯爵利用一架風車的掩護去刺探阿爾城。當他離開掩體時，被巡查的兩位大人看個正著。他們指著侯爵，示意給炮兵指揮，後者用輕型長炮對準了侯爵，與此同時侯爵撲倒躲避，但最終還是中了彈。數年前，一位國王兵圍蒙多爾夫，也就是維卡利亞附近。他驀然察覺自己成了一門已點著引信的大炮的目標，要不是他馬上匍匐在地，他的肚子就可能中彈，可最後炮彈僅僅擦著他的頭皮呼嘯而過。說實在的，我覺得他們的行為是下意識的，根本沒有思考的時間，電光火石之間，你如何準確斷定炮彈是向上還是向下呢？人們可以這樣認為，躲避成功純屬偶然，僥倖很難在下次成功複製，同樣的舉動，結果可能就是正中靶心，粉身碎骨。

　　假使槍聲出乎意料的響起，我很可能也會戰慄。這種境遇，即使比我勇敢很多的人也會同樣的恐懼。

第五章　論堅韌

按照斯多葛派的觀點，哲學家的心靈很難抵抗出乎意料的幻覺和遐想，可是，他們一律認為，猛的聽到驚雷炸響，或是大禍臨頭，智者同樣會面如土色，體似篩糠，這是人類的本能。對於其他的苦難，如果哲學家冷靜明智，未喪失判斷力，他們就能從容不迫。但對於一個尋常人，前一種反應是和智者一樣的，而第二種就大相徑庭了。因為痛苦的感覺對於尋常人來說，不是外表的，而會沉浸並侵蝕、損傷他的理智，這種人僅僅依據痛苦的直覺進行判定，並與之告饒。最好仔細體會這位斯多葛哲學家的心境：

他的心堅忍不拔，他的淚流得再多也無所謂。

—— 維吉爾

逍遙學派哲學家並不摒棄煩惱，但他們擅長壓制。

第六章
我們的主觀意識決定了對好壞的判斷標準

第六章　我們的主觀意識決定了對好壞的判斷標準

　　古希臘有句名言，世人備受困擾的，經常不是事物本身，而是對事物的看法。如果大家都能將這句話奉為圭臬，我敢說，人類的幸福感將大大增加，因為，假如僅憑我們的主觀判斷，壞事才會發生在我們身邊，如此一來，我們不妨置之不理，抑或變壞事為好事。如果我們可以駕馭事物，何妨我們充分利用，或者使之符合我們的所求所欲？假如困擾我們的憂思苦悶並不出於事物本源，而僅僅來自我們強加給它的想像出來的性質，那麼我們自己很容易改變這種性質。假如選擇權歸我們掌握，不受任何強迫，那麼，何必要執拗的庸人自擾，讓飢寒貧病和輕蔑染上一層苦哈哈且醜醜的味道？我們完全可以將它們換成情趣盎然的模樣；若說機會僅僅呈現出內容，那麼形式可任由我們創造。既然我們認定，人云亦云的壞事並不源自事物本身，至少，無論怎樣，我們應該改變它們的味道，或者面孔（兩者是一碼事），我們需要分析這種理論是不是說得通。

　　假如困擾我們的事物可以隨意占據我們的身心，那麼它們也同樣會困擾別人。畢竟所有的人均屬同類，擁有著相同的意識和判斷標準，但我們仍然對同一事物的判斷大相徑庭，甚至呈現的狀態具有涇渭分明的差異。

　　死亡、貧困、痛苦是絕大多數人認為的生活的強敵。

　　但是，死亡在某些人心中是最可怕的，卻不知對另一些人而言，它卻是結束生命痛苦的唯一出路、自然而出色的至尊，自由生命獨一無二的憑恃，包治百病的靈丹妙藥。雖然一部分人對死亡諱莫如深，但同時另一些人對死甚至比對生更怡然自得。

有人埋怨死亡輕易降臨：
死神啊！若是您能放過怕你的人，
而只帶走視死如歸的人，那有多好！

—— 盧卡努斯

　　暫時不提這些可供誇耀的勇氣。面對利西馬科斯[9]的死亡威脅，狄奧多羅斯[10]坦然答曰：「哪怕你的力量就像斑蝥，也能輕易殺死我。」多數哲學家對死亡要麼謹慎的防備，要麼盼望死亡盡快到來。

　　大家都了解，很多著名人士，面對死亡（絕非正常的死，而是包含著羞恥和怨懟），一些由於堅忍，一些由於真誠，表現出鎮定樂觀，面不改色，安之若素。臨死之時，他們像往常一樣，安排事務，求告親友，吟詩唱歌，說道教書，與民眾友善相處，有的還談笑自如，舉杯恭祝朋友健康，例如蘇格拉底。其中一位人士，被押往刑場還要求避開某某街，因為他還欠那條街一個商人的帳，可能被債主揪住頭髮暴打。另外一位，要求劊子手不要碰到他的喉頭，否則他會因怕癢而笑得渾身亂顫。還有一位，問劊子手要水喝，劊子手將喝了一口的剩水遞給他，他不肯，怕劊子手將梅毒傳染給他。還有眾所周知的那位皮卡第人，都已經上了絞刑架，有人帶上一個少女，聲明假如他娶這位少女為妻，便可當即赦免（這符合當時的法律）。他仔細瞧了瞧那位少女，發現她腿有殘疾，於是說：「趕

9　利西馬科斯（Lysimachus，約西元前 361 ～前 281 年），馬其頓國王，亞歷山大大帝繼任者之一。

10 狄奧多羅斯（Diodorus Siculus），著名的古希臘哲學家。

快行刑吧，她是個瘸子。」我聽說類似的事出現在丹麥：一個人被推上斷頭臺，面臨同樣的抉擇，也拒絕求生，因為面前的少女，臉龐有些下垂，鼻子有些尖細。還有可歌可泣的阿拉斯城的故事：被路易十一（Louis XI）占領後，很多人寧可吊死，也不肯違心說出：「國王萬歲！」

在納森克王國，時至今日，教士去世後，妻子會隨之活埋殉葬。其他女人會在丈夫的葬禮上烈火焚身而亡，她們不僅毫不畏縮，而且喜笑顏開。國王遺體被火化的時候，他所有的妻子、姬妾、百官、隨從都爭先恐後撲向烈火。他們認為，能隨著國王遺體同時火化，是無比殊榮。

哪怕一些微不足道的小人物，死亡之時也能開玩笑。有一個人，面對劊子手的推搡，高聲歡呼：「開船吧！」這是他的口頭禪。還有一個人僅吊著一口氣，被擱置在壁爐旁邊的草墊子上，當醫生問他哪裡難受，他說：「在凳子和火中間。」

在和米蘭的終極一戰中，兵災禍結，難以謀生，民眾生不如死，決心一死百了。我父親告訴我，那時候紛傳二十五名紳士一週之內自我了結。這一事件類似於克桑西城的故事，當布魯圖兵臨城下，城中不論男女老幼，紛紛以身殉國，沒有任何逃生的打算，布魯圖僅僅救下極少一部分。

所有信念都很頑強，為了讓別人接受會不顧一切。希臘人每逢出征必須宣誓，同樣的誓言堅持到了米堤亞戰爭。誓言激動人心，開篇第一條就是，與其臣服於波斯人的法律，寧可戰死。由此可知，在與土耳其的征戰中，多少希臘人寧願慷慨赴死，也不願臣服。

卡斯蒂利亞王國 [11] 的君主們曾把猶太人趕出本國，葡萄牙國王約翰 [12] 同意猶太人避難葡萄牙，但每人要上交幾埃居，同時要求他們限期全部離境，還答應為他們遷往非洲提供航船，到達限定日期，不臣服的猶太人便將成為奴隸。離境當天，所提供的船隻很少，登船的猶太人受到船員的百般苛待，不提各種侮辱，船員們還故意耽誤航行，時而前進，時而後退，猶太人吃完攜帶的食物，被迫向船員購買飲食，價錢高得離譜，耽誤的時間又那麼長，他們終於靠岸，除了貼身單衣已身無別物了。當尚未登船的猶太人聽到這些消息，大部分都選擇成為了奴隸。曼努埃爾 [13] 繼位後，先恢復了猶太人的自由身分，而後食言，驅逐猶太人限期離開葡萄牙，同時指定了三個通行港口。他以為，這些猶太人想到上次同胞在船上的非人待遇，一定不會拋棄優裕的葡萄牙，而遠奔荒涼的他鄉。但是，當他看到事與願違，猶太人堅決的選擇了逃難，便心生一計，關閉三個港口中的兩個，為的是漫漫長路會消磨猶太人的意志，最好放棄逃離，同時，可以把猶太人聚集在一起，以便更輕易的屠殺。他早有此意了。所以，國王下令所有十四歲以下的猶太兒童單獨關押，遠離父母，便於重新教育。據說這一做法後果慘痛，他們誓死抗爭，隨處可見父母自戕，還有更慘的，有些父母愛子情深，寧可將孩子投井，也不願孩子面對即將到來的蹂躪。限期一到，由於無法逃避，猶太人又重新成為奴隸。如今

---

11 卡斯蒂利亞王國，西班牙歷史上的一個王國，位於伊比利亞半島西部。

12 葡萄牙國王約翰（João），葡萄牙國王約翰二世。

13 曼努埃爾（Manuel），約翰二世的繼承人。

第六章　我們的主觀意識決定了對好壞的判斷標準

一百年已過，猶太種族的葡萄牙人數仍很稀少，雖然相比各種暴政，久以為常的習慣與慢慢消磨的時間更為可怕。拉丁語有言：「歷史多次證明，視死如歸的不僅僅有將領，甚至可以是整體軍隊。」

現在很多人，甚至包括未成年人，僅僅受到丁點挫折，便輕易自殺了。關於這件事，一位先賢曾說，居然連膽小者的避難所也恐懼，那麼究竟還有什麼不怕的嗎？在太平年月，不分性別，無論地位，有坦然接受死亡的人，也有甘願求死的人。後者中，有的是因生活艱難而厭世，有的是因日子過於優渥，還有的寄希望到極樂世界安富尊榮，這些人如恆河沙數，難以枚舉。我想，把怕死偷生的人開列清單，可能更簡單。

下面僅說一件事。有一次，哲學家皮浪[14]和同伴們乘船出海，遇到大風暴，同伴們手足無措，他卻若無其事，指著一頭也在船上卻安心吃食的小豬，鼓勵同伴們不要害怕。有理性使我們發自肺腑的高興，幸虧理性，我們才有自信主宰萬物，那麼我們能否認為，我們隨身的理性是因為煩惱而存在？既然了解事實讓我們忐忑不寧，讓我們的心境甚至不如那頭小豬，而蒙蔽塞聽，我們反而身心泰然，如此一來，探尋真相又有何用處？人擁有了智慧，是為了自身利益最大化，難道我們要把智慧用來玩火自焚，抗衡事物的天理嗎？而事物規律的作用，難道不是每人為自身利益而盡己所能嗎？

也許有些人會說，好吧，你那個規律對死亡適用，可貧困

---

14 皮浪（Pyrrho，約西元前 360～約前 270 年），古希臘哲學家，懷疑主義創始人。

又作何解釋呢？更別說痛苦了？痛苦被阿瑞斯提普斯（Aristippos）等大多數哲學家視作最大的不幸，還有一些人表面上反對，心中卻也贊同。哲學家波希多尼（Poseidonius）身染重病，痛苦難忍，弟子龐貝（Pompey）此時前來受教，並且為選擇的日子如此不恰當而致歉。波希多尼回答：「但願我的痛苦沒有達到妨礙我講哲學的程度！」於是他忍痛開講，極大程度表達了對痛苦的輕蔑之情。但是，痛苦仍對他毫不手軟，煎熬著他。他喊道：「痛苦啊，如若我不視你為不幸！你這樣折磨我不是枉然嗎？」這件事被當作美談廣為傳播，但是，這對減輕痛苦又意義何在？他做的僅僅是文字之爭，如果他能忍受得了痛苦，談話又怎會中斷？何必壓抑情感，不稱它為不幸呢？

這裡所說的痛苦不僅僅是捏造。我們能夠做到憑空設想某些事，但痛苦卻是實實在在的，我們的器官會替我們做出判斷。

一旦感官出現異常，所有理性隨之瓦解。

—— 盧克萊修（Lucretius）

難道我們能夠錯把鞭笞當作撓癢嗎？難道我們的味覺會混淆茴香蕾與葡萄酒的味道嗎？這裡借用皮浪的小豬做為例子，牠的確不怕死亡，可一旦挨打，牠也會哀嚎，也會疼痛難忍。普天之下，所有生物都畏懼痛苦，莫非我們能夠超越這個適用於萬物的天性？哪怕樹木受傷，好像也會呻吟。透過推理，我們才能感知死亡，那是剎那間的運動：

第六章　我們的主觀意識決定了對好壞的判斷標準

死亡屬於曾經或未來，不屬於當前。

—— 拉博埃西（La Boétie）

等待死亡降臨的過程，要比死亡本身更難捱。

—— 奧維德（Ovid）

很多動物和人很難說是生命遭到威脅，實話實說，面對死亡，我們所恐懼的，更多的是死前需要忍受的痛苦。

但是，一位先賢曾說：「痛苦只存在於人死亡之後。」而我的看法應該更貼近事實，我認為，死亡之前或死亡之後均與死亡本身沒有關係。我們常常自以為是的自我狡辯。經驗給我這樣的啟發，痛苦之所以難以忍受，主要是難以忍受對死亡的胡思亂想，一聯想到痛苦會造成死亡，便更是驚慌失措。但理性又來指摘我們的軟弱，哪能為這種意外的、避無可避的、沒有感情的事提心吊膽呢，此時，我們都會認為這一理由更堅不可摧。

一切僅僅會帶來痛苦而不會帶來危險的病痛，我們稱作無危險病痛；例如牙痛、痛風，雖然痛苦萬分，但因為不會致命，又有誰認為它們算得上疾病？但是，不難設想，我們對死亡的恐懼，不如說是對痛苦的恐懼。就像貧困本身不會讓我們畏懼，不過是隨之而來的飢寒交迫、顛沛流離、徹夜無眠等痛苦難捱而已。

所以，讓我們直面痛苦吧！我把痛苦作為生命最大的不幸，這是很正常的。我對痛苦沒有半點好感。我盡可能的逃避

痛苦，至今沒有太多的痛苦感觸，這點讓我謝天謝地。不過，我們雖然不能徹底消滅痛苦，但至少可以咬牙忍耐，求得片刻輕鬆，即使身體難以忍受，我們心理和理性上要做到堅忍不拔。

假如不這樣，我們誰會對堅強、勇猛、能量、寬廣堅信不疑呢？假如不與痛苦對抗，這些品德是否百無一用呢？「勇敢對危險極度渴望」。如果無須風餐露宿、驕陽炙烤、甲冑加身、殺馬為食，無須忍受刮骨取子彈、縫合傷口、燒灼皮肉、用管導尿的痛苦，那麼我們如何出類拔萃，卓爾不群？哲學家說，崇高的品行，越是艱難越上前。這與躲避厄運與痛苦不可同日而語。「確實，吃喝玩樂近乎輕狂，身在其中，未必幸福，在憂愁困苦中安貧樂道，反而經常享受幸福的感覺。」所以，我們的祖先會覺得，靠著真刀真槍，攻城拔地遠比運籌帷幄、不戰而屈人之兵更痛快：

勇敢的付出多，代價高，但收穫更多。

—— 盧卡努斯

值得我們慶幸的是，痛苦越強烈，維持的時間就越短暫，而經歷的時間越長，痛苦就越輕微。極致的痛苦，持續不了太久，若不消失，就會奪命；兩者是一碼事。一旦你忍受不住，痛苦就會打敗你。「你須謹記，最大的痛苦到頭是死亡，最小的痛苦時有時無，我們能操控的，是非輕非重的痛苦。痛苦，能忍則忍，難忍則逃，了結令人生厭的生命，如同演員退場。」

第六章　我們的主觀意識決定了對好壞的判斷標準

不能心甘情願的忍耐痛苦，是由於我們不習慣從內心尋得慰藉，沒有足夠重視心靈的作用，心靈才是我們身心狀況和言談舉止獨一無二的操控者。身體展現的僅是一種狀態，而心靈卻絢麗多姿，它的狀態牢牢支配著身體的所感所得。但是，要很好的探究和鑽研心靈，喚醒它的極大潛能。任何理性制度和外部力量都無法左右它的目標。在它千變萬化的姿態中，應給予它一種對我們恬靜生命有益處的狀態，那樣的話，我們就能抵抗任何打擊，只要它覺得正確，甚至還可以變苦為樂。

所有的一切均被心靈一視同仁的利用。謬誤和虛幻就像真實的物質一樣，可以拿來為我所用，讓我們安全，使我們滿足。

我們可以得出結論，激發痛苦或快樂的是思想。動物不同，牠們是壓抑思想，但牠們身體的感受是自由的，隨性的，所以，每一類動物均有一致的感受，就像我們能夠察覺牠們類似的動作。假如我們任憑肢體肆意活動，不難斷言，我們的境遇會更好，肢體對於疼痛或高興的感受就會很自然，很恰當。如果我們平和隨性，感覺就不會太難操控。但是，既然我們已經不再受這些規則的制約，可以任意的想入非非，那麼我們可以想方設法，只想高興的事。

柏拉圖提醒我們注意，不要在苦痛和快樂中沉淪，如此會導致心靈過分依賴身體。而我的看法，這反而會使心靈擺脫身體。

敵人發現我們逃跑就會更加威風凜凜，一樣的道理，痛苦發現我們戰慄就會更加咄咄逼人。誰堅忍頑抗，痛苦就向誰屈

膝投降。所以，應該爭鬥到底。畏畏縮縮，會招來致命的危害。身體越壯就越強大，靈魂亦是。

　　接下來我將舉例說明，像我這樣身體瘦弱的人，我們給予痛苦怎樣的位置，就會造成怎樣的程度，就像寶石接觸到的葉子不同，所呈現的顏色明亮程度就不同。聖奧古斯丁（Saint Augustine）說過：他們之所以痛苦，是因為向痛苦求饒。在混戰中劍傷累累，卻比不上外科醫生的小手術刀帶來的痛苦。生孩子時的疼痛，大夫說是頂級的，我們也這樣認為，但有些種族卻不以為意。不提斯巴達國的女人，就說跟隨我們的軍隊一起出征的瑞士婦女，你能發覺嗎？她們昨天才生完孩子，今天就能跑步隨夫打仗了。還有零星散居在我們身旁的埃及婦女。孩子只要臨盆，就要抱上孩子到附近的河裡沐浴。很多少女避免引人注目，選擇在孕期和產褥期躲藏起來。古羅馬貴族薩比努斯（Sabinus）之妻就是這樣，為了避開丈夫，分娩時身旁無人，竟然一聲不吭生了一對雙胞胎。斯巴達人以偷為恥，一個普通男童偷來一隻狐狸並藏在披風下面，寧可忍受狐狸撕咬肚皮之痛也不願別人察覺。很多斯巴達人，為了驗證勇敢與否，七歲時要忍受鞭笞，哪怕被打死，也要做到臉不改色。西塞羅（Cicero）曾說，他親眼目睹斯巴達人的互毆，拳腳齊下，甚至牙咬，直至昏死過去才算分出輸贏。人的本性不可能被習俗打敗，因為本性是無法戰勝的，它只會敗於我們自己，安娛、放任、尋歡作樂、吃喝玩鬧荼毒我們的心靈，偏見和陋習銷蝕我們的意志。有個故事家喻戶曉，一位戰士深入敵營，試圖刺殺敵酋，行動暴露後，為了解釋所作所為，同時也為了維護祖

國，面對自己謀刺未果的國王，他供認不諱，並說，在他的部隊裡，像他一樣想置國王於死地的羅馬人千千萬萬。為表示自己的勇敢，他眼睜睜盯著自己的手臂在火盆中炙烤，嚇得旁邊的人慌忙撤走火盆。另有個人，在引頸受戮之時，依然讀著自己的書。還有一位，在刑場上不停的嘲諷劊子手，引得劊子手對其百般的嚴刑拷打，他都捱過來了，從而讓劊子手心服口服，他是一位哲學家。還有例子，凱撒（Caesar）的一位勇士儘管被探子用利刃切割的方式弄傷，卻始終談笑風生。誰見過一個勇士呻吟或動容？哪個勇士站著時驚慌失措，倒下時縮頭縮腦？哪個勇士死前還要左顧右盼？女人也不乏其例。誰不知道，有一位愛美的巴黎女人，為了皮膚重生，更加細嫩，居然自我剝皮？還有的人，為了讓聲音更加柔美深沉，或者為了讓牙齒整齊，竟然敲掉好牙。無視痛苦的例子不勝枚舉。只要有變漂亮的一分希望，他們就勇往直前，無懼無畏。

　　她們想的只是拔除白髮，袪除皺紋，重煥容顏。

　　　　　　　　　　　　　　　　── 提布盧斯（Tibullus）

　　我還知道一些婦女，為了一副蒼白的面容，寧可吞沙、嚥灰，忍受百般折磨，最後徹底把胃弄壞。為了獲得西班牙女郎的曼妙身姿，苦頭嘗盡，勒緊細腰，兩側傷口累累，深嵌皮肉中，有時造成了死亡的悲劇。

　　當前，在很多國家都存在，有人發誓許願時故意自殘身體。我們的國王曾說他在波蘭親眼見到過，據我了解在法國也有類似事件。我曾見一位少女，為證明她的誓詞發自肺腑，同

時讓大家看到她踐行誓言的重大決心，她拔下髮簪，在手臂上狠狠的刺了好幾下，只刺得皮膚發響，鮮血橫流。土耳其人為了向女人示愛，心甘情願捅自己幾刀；為了永久留痕，他們會猛的用火燒灼傷口，並且讓火長時間烤在傷口上，用來阻止出血，終身留疤。見過這種場面的人有紀錄面世，並向我信誓旦旦確有其事。然而，僅僅為了幾文錢，他們也會拿出刀來，在手臂或大腿上深深劃上幾道，類似的事每天都在發生。

我們需要什麼證據，就能輕易找到什麼證據。馬爾庫斯（Marcus）平靜的安葬了身為執政官的愛子小加圖（Cato Minor）；有人數日內接連痛失二子，也表現出無動於衷，面色如常。當今的一位大人物 [15] 讓我看不過去，我認為他褻瀆了正義。原因是他的三個兒子在一天之內全部慘死，我們都會認為，這種打擊於他而言是不堪重負的，但他卻滿不在乎。我自己也失去過襁褓中的兩、三個幼子，當時我幾乎忘掉了痛苦，至少沒有悲慟。痛莫大於喪子，另外的痛苦人們還會嘗到很多，一旦它們降臨，我幾乎沒有感覺，以前遇到不幸，我也總是無動於衷，而同樣的不幸則令其他人肝腸寸斷，這種事我會因汗顏而不敢告訴旁人。「由此可知，痛苦不是由人的本性所決定，而是由人的看法所決定。」

看法這個敵人非常強大，它橫行無忌，無法無天。天下已經被亞歷山大和凱撒攪得兵荒馬亂，誰還會想希冀歲月靜好、天下太平？一位哲人常說，他若不上戰場，總感覺與馬夫無異。小加圖當執政官期間，為保證西班牙幾座城池的平安穩

---

15 大人物，此指特朗侯爵，在蒙克拉博戰鬥中連失三子。

定，嚴禁當地民眾擁有兵器，後果是，很多人選擇尋短見。簡直是未開化，居然認為兵器的意義大於生命。眾所周知，許多人逃離安逸的生活，離群索居；許多人摒棄上流社會，對卑微的生活甘之如飴，看上去近乎矯情。我了解，有人的妻子紅杏出牆，卻為丈夫謀得利益和高位，儘管如此，這種行為讓多數人嗤之以鼻。倘若說視覺不是我們最不可或缺的器官，至少也是最能帶來愉悅的。但是，用處最大、快意最濃的器官應該是生殖器。即使如此，有些人僅僅因為它們長得難看就對其深惡痛絕，還有些人因為它們用處太大而摒除棄用。有人弄瞎雙眼，也是同樣的想法。

通常男子都盼著人丁興旺，多子多福，我和少數幾人卻不這麼看，我們認定無子才是幸福。

倘若有人質疑泰勒斯[16]不婚的原因，他的回答是不想繁衍子嗣。

我們的主觀意識會幫事物明碼標價。這種價碼隨處展現，要評價一件事物，要考慮的，不僅僅是事物本身，還有我們自己；對事物的品質和作用可以毫不在意，需要關心的，僅僅是獲得它們我們需要付出的代價，就像代價屬於事物實質的一部分；不能將事物本身具有的，而是要將我們強加於事物的定義為價值。關於這一點，我感覺我們理財能力都很突出。花費越

---

16 泰勒斯（Thales of Miletus，西元前 624 ～前 546 年），古希臘古風時期的哲學家、幾何學家、天文學家，同時是希臘最早的前蘇格拉底哲學學派之一米利都學派（亦稱愛奧尼亞學派）的創始人，希臘七賢之一，西方思想史上第一個有記載留下名字的思想家，被後人稱為「科學和哲學之祖」。

多，東西的價值就越大。我們都認為錢是絕不會白花的，買賣貿易決定了鑽石的價值，艱難險阻決定了勇敢的價值，悲苦傷痛決定了虔誠的價值，疑難雜症決定了良藥的價值。

有些富有的人為了變窮，直接將所有財富拋進大海，更多的窮人想發財，在同一海域探險尋寶。伊壁鳩魯（Epicurus）曾斷言，財富並不一定帶來輕鬆，它需要絞盡腦汁，不斷變更賺錢的途徑。確實，貧窮不會帶來吝嗇，而富裕反而帶來吝嗇。關於這一點，我想說一說切身感受。

度過了快樂的童年時光以後，我歷經了三種人生狀態。第一階段消耗了我十年的時光，當時主要的生活來源就是依靠親友的幫扶救濟，但極不穩定，也無規律。那段時間，我花的每筆錢全部來源於偶然間的得到，竟然也沒有負擔，沒有煩惱。那是我最好的一段時光。朋友們總是對我慷慨解囊；我會確定還錢的具體日子，同時規劃必做的營生以便於到期還錢。朋友們目睹我為還錢所付出的辛苦，就會數次幫我延期；所以，朋友們都認為，我節儉勤勞，忠誠可靠，不會撒謊。我真的從還錢中感到了快樂，就像釋懷了一個沉重的負擔和被壓迫的象徵；我也由衷認為，正確的行徑和讓他人高興讓我得到了滿足。當然要排除那些為了不還債而斤斤計較和撒謊的行為，因為，若非找到願意為我討價還價的朋友，我寧願心懷愧疚的躲債延期，也做不出急赤白臉、斤斤計較的事，我的個性及說話方式不允許。我最厭惡的行徑就是討價還價了。這簡直是巧立名目和死皮賴臉：雙方歷經一個鐘頭的唇槍舌劍、斤斤計較，其中一方僅僅由於五分錢的蠅頭小利而違背契約。儘管如此，

第六章　我們的主觀意識決定了對好壞的判斷標準

我屬於借債之人，地位不利，又抹不開臉面當面求告，總用寫信的方式，信寫得並不鄭重其事，很容易被一口回絕。生活所迫，我只能憑著預感和直覺去借錢，一旦掙脫生活的逼迫，抖擻精神，會感覺加倍的興奮，加倍的放鬆。

絕大多數理財者認為，這種不安定、不可靠的生活很可怕。首先，他們沒了解到，大多數人的生活原本如此。思考從前和當下，無數忠厚的人對掌握在手中的東西棄之不顧，而轉身求告國王或機遇，追求萬中無一的恩惠！凱撒成為大帝的過程，不惜敗盡家業，哪怕負債黃金百萬。無數商人典地賣房，奔向印度去謀暴利。

歷經多少驚天巨浪。

—— 卡圖魯斯（Catulus）

其次，他們沒有意識到，他們認為根本的、確實的東西，也同樣具有風險和不穩定。哪怕我年收入兩千埃居，仍然明白距離貧困很近，就像它是我的冤家對頭。因為在富貴豪奢和一貧如洗之間往往缺少中間過渡，命運可以隨意擺布我們的錢財，為了讓我們貧困，財富在命運眼中破綻百出：

財富的質地像玻璃，它光華燦爛，但易碎易逝。

—— 普布里烏斯‧西魯斯（Publilius Syrus）

命運會輕易推倒我們全部的防護和築起的高堤，所以，究於種種理由，貧窮不僅僅屬於窮人，同樣也會光臨富貴人家。

也許，貧窮孤零零存在，比起和富貴同時存在，稍微更讓人安心。財富不僅僅取決於收入，更靠嚴謹細膩的管理：「每人的金錢，都靠自己去創造」。照我看來，一個為吃穿犯愁，勞苦奔波的富人要比純粹的窮人更可憐。「生活富足，堆金如山的窮人最不快樂。」

兵強馬壯、富甲天下的君主往往也會迫切的需求，莫非殘暴不仁和無恥的鯨吞平民財產不是普天之下最極端的事情嗎？

我經歷的人生第二階段是富有。我對錢毫不鬆手，我的儲蓄很快變得充裕。我覺得，拋開正常收入，沒有積蓄稱不上寬裕，收入不到手，哪怕金額龐大也不能高枕無憂。萬一會出現意外呢？因為這種怪誕空想的念頭，我自以為很精明，開始存錢，以備不時之需。有人告訴我，意外是難以預防的，我還理直氣壯的說，縱然不能防備所有的意外，但用儲蓄至少可以對付其中的一個或好多個。存錢也帶來了煩悶。首先我的嘴要嚴，我從不忌諱談論自我，但說起錢來就謊話連篇，很多人都這樣，富人裝窮，窮人裝富，從不屑良心的譴責，從不對自己的財產開誠布公。這樣的戰戰兢兢，簡直既好笑又無恥；離家遊玩，總怕自己慮事不周。帶的錢越多，焦慮也越重，既要焦慮路途不太平，又要提防勞役不老實，我像周圍人一樣，只有行李不離視線才踏實。把儲蓄箱留在家中，會神經過敏，提心吊膽，更糟心的是，這些焦慮只能藏在肚子裡。我的身體在旅遊，心卻被牢牢拴在家中的錢箱。一言以蔽之，守財比賺錢更不易。哪怕我由衷的不願意，但也無法控制自己不這麼行事。好處嘛，我什麼都沒有撈到，因為對我而言，想方設法的多花

錢，也算得上是沉重的負擔。就像彼翁[17]所言，頭髮濃密者或者禿子，都不樂意被人拔頭髮。一旦存錢成了習慣，並把所思所想全部集於金錢之上，金錢就不再任你支配，你沒有勇氣再去花一分錢，就像一棟房子，稍微一碰，就會觸發整體震盪。如果不是情勢到了萬難的地步，你就不會拿出它來。一無所有的日子，我典衣賣馬，無憂無慮，灑脫暢快，自從有了錢，就把錢藏得密密實實的，輕易不去動它們。但是，問題在於存錢的欲望很難適可而止（對於大家一致認定的好事，也是很難準確劃定界限的）。我們的財富持續翻滾著壯大，就這樣眼睜睜守著財富不敢享受，而是牢牢監視著它們，分毫不取。

這樣使用金錢的話，那些看守城門的士兵可稱巨富了。照我說，有錢人都是慳吝算計，一毛不拔的。

柏拉圖認為，有形的財富可以細分為健康、漂亮、有力和金錢等諸多種類。不一味的積攢金錢，人就更理智，更清醒了。

這方面，小狄奧尼西奧斯（Dionysius II of Syracuse）處理得非常好。當得知一位錫拉庫薩人偷偷埋藏了一批財寶，他便命令這位錫拉庫薩人把財寶獻給自己。這人獻出了大部分，但私自留下了一些，攜款遷徙別地。在新的城市，他完全摒棄了積蓄的嗜好，揮霍無度起來。小狄奧尼西奧斯了解到這些情況，便將這人獻給自己的財寶又歸還給他，同時告訴他，你已經學會了怎樣花錢，於是我願意歸還財寶。

---

17 彼翁（Bion of Smyrna，西元前 120 ～前 50 年），古希臘田園詩人。

我也有這樣的經歷，好幾年的時間，不明所以的我突然掙脫了守財奴的思維，就像前面所說的那個錫拉庫薩人，要把我存的錢全部揮霍掉。這個想法之所以產生，是由於一次旅行，開銷很大，讓我體驗了花錢的快樂。從那以後，我開始了第三階段的人生狀態（我想到哪裡就說哪裡），更歡樂，更節制；我盡量保持收支平衡，有的時間開銷多，有的時間收入多，但兩者盡量不要失衡。我精打細算，盡量滿足日常和眼下的需求；至於非正常的開銷，哪怕全天下所有的財富也是不夠用的。

　　盼著命運供給我們充足的武器來反抗它，那是痴人說夢。我們需要自己武裝起來反抗它。意外的不幸會出賣我們。我的積蓄只用在買東西上，不會用在買房置地上，在我看來就是浪費，我只為購買快樂。「不貪，就是財富，不買，就算收入。」我不害怕一貧如洗，也不再想方設法斂財：「財富帶來富足，富足帶來滿足。」我很慶幸，在容易吝嗇的年紀幡然醒悟，解脫了老年人的慣有瑕疵，等於逃脫了人類最荒唐的陋習。

　　弗羅雷（Flores）曾有兩種不同的生活狀態，他認為，金錢的增多並沒有帶來飲食、睡眠和貼近愛人的欲望的增多，除了這些，他深感理財是個令人生厭的任務，重重的壓著自己，就像我的感受一樣。他有一位忠誠可靠同時夢想一夜暴富的窮朋友，他決定把用之不盡的財產一股腦饋贈給這位朋友，但要求這位朋友像款待賓朋一樣奉養他，管吃管住。從此兩人都得到了幸福，對互換的身分非常知足。我也很渴望這樣的好事。

　　我要狠狠誇耀一位老富翁激進的嘗試。他把全部家當交給選定的奴僕全權負責。過了很多年，他如同一個局外之人，對

家裡的財產現狀一無所知。相信別人品格崇高，就表明自己同樣崇高，所以好人一定有好報。所以他家的財務是最井井有條的。一個人能這樣的知人善任，合理利用財富，既滿足自己的需求，不用操勞費神，又不會因為理財而耽誤其他要事，並且行事問心無愧，得心應手，真讓人心嚮往之。

所以，富有和赤貧完全由個人的主觀意識所決定，擁有金錢、榮譽、健康也並非想像的的那般美妙和快意。好壞優劣全隨感覺。滿意自己的人才會快樂，這種快樂不來自於別人對你滿意與否。只有明白這些，主觀看法才可以信賴依靠。

財富帶給我們的，無所謂好處或壞處：它只提供我們物資和根芽，我們內心是不是比它更強，是否能得心應手的駕馭財富，才是快樂與否的唯一原因。

額外附加給事物的味道和色彩均由內部結構產生，就像衣物可以禦寒，但衣服本身並不產生熱量，產生熱量的是我們自身，衣服則僅僅用來保持和提高溫度。如果衣服覆蓋冰冷的物體，它同樣可以保持寒冷的狀態；儲存冰雪就是這個道理。

讓懶蟲用功，讓酒鬼戒酒，都是一種煎熬，一樣的道理，勤儉對於放縱的人無異於酷刑，鍛鍊對於羸弱不堪和好逸惡勞的人就是一種懲罰。萬物一理，事物本身不會痛苦，也沒有艱辛，它們都來自人類本身的軟弱和窩囊。要評判事物偉大和崇高與否，必須擁有偉大和崇高的內心，否則我們會把自身的缺點強加給事物。船槳本身是徑直的，但放進水中感覺是彎曲的。關鍵是不僅要觀察事物，必須要掌握評判事物的方法。

許多著作，從各個方面勸導大家視死如歸，忍性耐苦，我

們為何不從中尋覓最貼合自身的呢？我們用很多奇思異想去說服別人不畏死亡，不怕痛苦，我們為何不從中選擇最中意的親身嘗試呢？倘若你無法忍受用虎狼藥來消病，那你至少應該嘗試鎮靜劑來止痛。一種軟弱無能又毫無用處的偏見，主宰著我們對悲傷和歡樂的態度。內心軟弱，被蜜蜂螫一下就會哭喊哀嚎。重要的是要培養自制力。另外，過分誇大痛苦的難忍、人性的懦弱，總會談到哲學。因為大家總是寄希望於哲學，認為哲學的狡賴是所向披靡的：倘若認為貧苦的生活不是什麼好事，那麼何必生活在貧苦之中。

誰都會因自己的過失而持久的痛苦。

對於承受不住死之重，同時也承受不住生之痛，既不奮起抗爭，也不努力躲避的人，我們除了束手無策，還能做些什麼呢？

第七章
論對懦夫的責罰

　　一位即是君主，又是良帥的偉人曾說，士兵不能因貪生畏死而被判處死刑。這是他在餐桌上了解到德・韋爾萬（de Vervins）領主的故事有感而發的，英王亨利八世（Henry VIII）從該領主手中不費吹灰之力而得到了布洛涅城，該領主由此被處死。

　　確實，我們應該明確區分軟弱犯的錯和惡意犯的錯。因為如果是後者，我們違背良知，天理不容，而如果是前者，似乎是由於我們先天固有的弱點和缺陷。所以，許多人認為違背良知犯的錯才應該受到責罰。基於這一判斷，很多人覺得，極端分子理所當然應該處死，而律師和法官如工作不力則不用承擔任何責任。

　　關於對膽怯者的處罰，最普遍的就是大庭廣眾之下的侮辱。一般認為這種處罰的首創者屬於法學家狄迪莫斯（Didymus Chalcenterus）。很久以前，希臘原法律規定，逃兵要被判處死刑；而狄迪莫斯更改為，逃兵被罰三天內身穿婦女衣裙，靜坐在廣場中央：他認為羞恥之心能恢復他們的勇敢，重新上陣殺敵。「讓他流血，比不上讓他臉紅。」以前，羅馬法律規定逃兵也將被處死，來源是阿米阿努斯・馬爾切利努斯（Ammianus Marcellinus）的記載，羅馬人襲擊帕提亞，十名士兵做了逃兵，尤利安（Julian）皇帝先開除了他們的軍籍，又依從法律判其死刑。馬爾切利努斯評論，這是符合法律的。但是，在其他地域，對逃兵的責罰相對要輕，被罰攜帶行李關進囚牢。同樣是羅馬人，在坎尼戰場脫逃的軍人，與這場戰爭中最終打敗了的軍人，受到的處罰雖然很重，但也沒到引頸受戮的

地步。

　不過，也要擔心當眾受辱會徹底讓其灰心喪氣，他們可能會淡漠疏離，甚至變成敵人。

　在我們祖上之時，曾有一位大人，被上級委派，前去取代某位先生，但他向西班牙人投降，從而被廢黜貴族的頭銜，他及子子孫孫都被貶斥為平民，繳納人頭稅，同時不能再上陣臨敵，這種判決是相當嚴厲的。後來，一位伯爵進入吉斯後也對那裡的所有貴族實施了同樣的判決。同樣的例子不勝枚舉。

　但是，假如愚蠢或膽怯的太過度，太顯眼，超乎尋常，那就不要怪別人將其當作在耍詐，面對同樣的責罰也理所當然。

第八章
論學究氣

第八章　論學究氣

　　年幼之時每次看義大利喜劇，舞臺上少不了插科打諢的書呆子，聯想到我們也會替教書先生起外號，同樣極具嘲諷之意，心裡總是不太舒服。畢竟我既然被他們照顧和教導，被託付給了老師，那麼維護他們的名譽，莫非不是我這個學生的最基本禮儀嗎？我想市井百姓在學問觀念方面一定遠遠落後於超群絕倫的人，同時兩者的生活方式也差異太大，我用這個做為教書先生不受戴見的原因。可我又無法解釋一種現象，那就是連最彬彬有禮的人也同樣看輕他們。比如正人君子杜貝萊（Joachim du Bellay）說道：

　　我非常惱恨陳腐的學問。

　　這種蔑視由來已久。普魯塔克曾說過，羅馬人譏誚別人，會使用希臘人或學生的字眼。

　　後來，隨著歲數越來越大，我發現這種偏見不是沒有道理，最聰慧的人一般做不了最偉大的學者。有點想不明白，為何一個博聞多識者的頭腦缺乏靈動機敏，而一個沒有讀過書的文盲的遠見卓識堪比偉人，彷彿與生俱來。

　　一位法國公主，美麗聰慧，有一次說起某人，她對我感嘆，那個人接受了很多別人的崇論閎議，自己的思想一定會被擠壓成一點點。

　　我的想法，替植物澆太多水就會爛根，給燈灌太多油就會熄滅，同理，人的思想也會飽和，由於裝滿了駁雜紛擾的東西，以致一團混沌，壓得直不起身子，打不起精神。但同時也存在反證，我們的思想越充足，就會越明智。這樣的範例在歷史中俯拾皆是，有些明君、良將、名士，同時學識淵博。

關於不問俗事的哲學家，有時也會被同時代落拓不羈的喜劇家所奚落，他們的想法和行徑也常貽笑大方。你給他們法官一樣的權利，評斷某件官司或評判某人的行為。照理說這些對他們來說可是駕輕就熟！但他們呢，要在一些名詞上糾纏，是否有生命，是否能動，人是否跟牛有區別，什麼叫行為，什麼叫忍耐，律條及正義又是什麼東西。他們究竟是在評論法官，還是在跟法官交談？這是一種不恭及失禮的自由。你如果讚美君王，他們就會捂耳朵，在他們眼中，君王與牧羊人無異，一樣的遊手好閒，後者只會欺壓羊群，把羊毛剪得精光，君王的行為更甚。如果擁有上萬畝的良田應該知足常樂吧？他們卻嗤之以鼻，認為自己才是整個世界的主宰。你如果世代豪富一定會以門第為榮吧？他們卻認為何足掛齒，他們從不掛念血緣，何況，我們每個人的祖先不可勝數，有富豪也有窮鬼，有領主也有奴隸，有希臘人還可能會有野蠻人。即使你的五十代祖先是海力克斯（Heracles），他們也會認為你沒必要炫耀，沒必要感謝天恩浩蕩。所以，世俗之人譏誚他們，認為他們桀驁不遜，不知世事艱辛。但是，柏拉圖筆下的哲學家，與現下的哲學家的形象迥然不同，那是一群讓人心馳神往，卓舉不羈的人，他們輕視公眾活動，生活不循常規，所以鶴立雞群，難以效仿。相較之下，現下的哲學家實不足道，他們庸庸碌碌，無所作為，難膺公眾事務，蠅營狗苟的活著，甚至不如普通民眾。

　　讓那些口若懸河、卑鄙拙劣的所謂哲學家去死吧。

第八章　論學究氣

—— 帕庫維烏斯（Pacuvius）

　　至於其餘的很多哲學家，我認為，他們不但博覽多讀，而且還能很好的付諸行動。他們很像敘拉古的幾何學家[18]，為了保家衛國，這位數學家走出煞費心力的純科學研究，把知識付諸行動，所以，他發明了可靠實用的守城器材，效果驚人。但是，他自己卻視這些發明如草芥，認為不利於維護科學的尊嚴，這些偉大的發明不過是學生的手藝和幼兒的玩具。那些哲學家也像這樣。人們時常讓他們參與實務，他們立刻就能大展身手，並且在實踐中印證提高自己對事物的剖析，從而讓自己的胸懷更加寬闊，思想更加博大。但也同時有另外一些人，知道食肉者鄙，所以自己避而遠之；當克拉特斯[19]被問到，什麼時候才不會再鑽研哲學，他回答說：「那要等到我們軍隊的統帥不再是一群趕驢的腳夫。」赫拉克利特[20]不戀王位，讓給兄弟，自己躲到神殿前整天和孩子們一起玩耍，當受到以弗斯人民責備時，他回答說：「與孩子們玩耍，比起與你們一起治國，不是要強百倍嗎？」還有一些哲學家，認為思想比財產和塵世重要得多，認為法官的位置和君主的御座都是渺小的。恩培多

---

18 敘拉古的幾何學家，此指偉大的數學家阿基米德。

19 克拉特斯（Crates of Thebes，西元前 365 ～前 285 年），古希臘著名犬儒派哲學家。

20 赫拉克利特（Heraclitus of Ephesus，西元前 540 ～前 480 年），古希臘著名哲學家，辯證法的創始人之一。

克勒[21]對阿格里真托[22]人民交付的王位拒而不受。泰勒斯有時責備大家只想著升官發財，大家反說他是吃不到葡萄說葡萄酸的狐狸，自己活該受窮。他也想嘗試一次，做為排遣，所以，他紆尊降貴，以知識換取金錢。他做投資，一年就賺得盆滿缽滿，那是業內經驗最豐的人，辛苦一生也難以企及的財富。

亞里斯多德曾說過，泰勒斯、阿那克薩哥拉[23]等眾人為哲人，而不稱聰明人，只因他們對實用的事物漠不關心。我分不出這兩個名詞的區別，再說了，我覺得不能用這一點為我的哲學家們分辯；看到他們安貧樂道，簞食壺漿，我們可以在他們身上同時用這兩個詞，就是說他們既不是哲人，也不是聰明人。

我覺得，這個問題歸根到底，在於他們看待知識的態度不端正。以當前的教育模式，若說學生和老師即使將課本背得滾瓜爛熟，但並不精明強幹，這是很正常的。家長們花錢把我們送進學堂，只關心我們的頭腦是否學到了知識，卻鮮有關心是否學到了智謀和品格。當走在路上，一個過路人向我們高呼：「快看，一個學者！」另一個人也高喊：「快看，一個好人！」沒有人會崇敬的看向第一位。第三個人又喊道：「快看，那人

21 恩培多克勒（Empedocles，西元前 490 ～前 430 年），古希臘哲學家、自然科學家、政治家、演說家、詩人，相傳他也是醫生、醫學作家、術士和占卜家。

22 阿格里真托（Agrigento），位於義大利西西里島南海岸的中央點，是阿格里真托省的首府，自古以來都是扼守地中海的軍事重鎮。

23 阿那克薩哥拉（Anaxagoras，西元前 500 ～前 428 年），伊奧尼亞人，古希臘哲學家、科學家，他首先把哲學帶到雅典，影響了蘇格拉底的思想。

博學多才！」我們才會好奇的問：「他精通希臘文還是拉丁文？他會寫詩歌還是散文？」可沒有人會問他是否因博覽群書而變得更出色或更有思想了？這點至關重要，卻容易忽視。應該問的是哪個人研究的更精更專，而非哪個人知道得更多更雜。

我們只重視讓記憶充盈，卻讓理解力和思想空空如也。我們的學究們，如同外出覓食的飛鳥，口銜穀粒，不親自嚐一下，就盲目塞進小鳥嘴裡，從書中搜集知識，僅僅掛在嘴邊，拾人牙慧，直接餵給學生而已。

我突然吃驚的是，我舉例的同時也在做傻事。寫隨筆，大多數時間裡不也如此做的嗎？因為我記憶力差，從書本中尋章摘句，找出那麼多格言，不是為了知識儲備，而是為了照抄入我的著作；它們在我的作品中格格不入，就和在原來的書本裡一樣，都沒有化成我的東西。我深知，要想成為學識淵博的人，我們只能依靠現有的知識，過去或將來的知識都指望不上。

還有更不幸的，像那些學究一樣，教育出來的學生和孩子們也不汲取書中的營養，所以，書中的知識口傳心授，不過拿來作為炫耀、交流和旁徵博引的談資而已，就像一枚過時的硬幣，只能拿來計量或投擲，別無他用了。

「他們僅學會了與旁人交談，而沒有學會與自己對話。」「會說話不重要，會管理才是關鍵。」

大自然為了顯示自己主宰之下，不存在任何野蠻的東西，經常使缺乏藝術的民族出現最偉大的精神藝術品。這方面，我們要記住加斯科涅的一句諺語：「把蘆笛吹好很簡單，首先應

該學會擺布手指頭。」這句諺語來自一首蘆笛小曲，真是言近旨遠！

我們只會拾人牙慧：「這是西塞羅說的；這是柏拉圖的做派；此乃亞里斯多德的原話。」可我們自己的想法呢？我們認為什麼不對？我們認為什麼該做？這是純粹的鸚鵡學舌的做法，我不由想起了一位羅馬富翁，他出了大價錢，聘請了好幾個人，每人都是一門學科的專家，讓其長伴身旁，如此一來，每當他出席朋友間的聚會，談到五花八門的問題時，專家們就代替他發言，根據特長，時刻準備著旁徵博引，這位專家發表一段論據，那位專家馬上背誦荷馬的一句詩歌；他的看法是，學問存在於受聘人的頭腦，等同他自己的一樣，這很像很多人將智慧收藏在他們華麗的書房裡似的。

有個朋友，我問他明白什麼的時侯，他就要借我的詞典，一旦他不能立刻查詞典，弄明白什麼是疥瘡，什麼是屁股，他不敢對我脫口而出自己屁股長了疥瘡。

我們只會照本宣科他人的觀點和學問，旁的什麼都不會。但是，總要將別人的東西轉化為自己的才行。書中提到的那個取火者就是我們的真實寫照：那人要點火禦寒，於是去鄰家借火，一看到人家裡點著的柴火，立刻靠近取暖，全然忘記了借火回家。食物填滿肚腹，若不吸收，轉為養分，若不能充飢強體，吃它何用？盧庫盧斯[24]缺乏戰鬥經驗，透過苦讀兵書成長為傑出的統帥，如果說他是像我們這樣學習，最終成功的，難

---

24 盧庫盧斯（Lucius Licinius Lucullus，約西元前 117～前 56 年），羅馬將軍和執政官。

道你會相信嗎？

　　我們總是需要別人攙扶著走路，搞得我們自己軟弱無力。想要為視死如歸找出道理來嗎？就去向塞內卡借一些。想找些款語溫言來撫慰自己或他人嗎？就去向西塞羅借一些。如果我們有知識儲備，就可以用自己的思想來自我安慰。像這樣施捨來的、有限的本事，我是非常厭棄的。

　　即使大家憑仗借來的知識成為學者，但想變成哲人，卻只能依靠自我的智慧。

　　我痛恨對待自己並不明智的哲人。

—— 尤里比底斯（Euripides）

　　所以，恩紐斯（Quintus Ennius）說：哲人的智慧不轉化為自己的，就分文不值。

—— 西塞羅

　　如果他貪心、虛偽，力量就會比不上歐加內的羊羔。

—— 尤維納利斯（Juvenal）

　　光得到智慧是遠遠不足的，還要運用自如。

—— 西塞羅

　　第歐根尼（Diogenes）嘲諷文學研究者僅僅分析尤利西斯[25]

---

25 尤利西斯（Ulysses），羅馬神話的英雄，即希臘神話的奧德修斯。

的痛苦，卻對自己的不幸置若罔聞，音樂家只擅長替笛子調音，卻不會規範自己的行為，演講家只鑽研怎樣說得好聽，卻不在怎樣做得更好上下功夫。

如果我們的思想不端正，判斷不敏銳，我寧願我的學生占用上課時間去打網球，那樣，最起碼可以鍛鍊個好身體。看看那些學生，從學校埋頭苦讀了十五、六年，一旦學成歸來，竟然什麼也做不了，你唯一能看到的，僅僅是其學了那麼多年的拉丁文和希臘文，相較從前多了驕縱和倨傲。他本應該帶回碩果累累的思想，但卻只帶回來了臃腫的內心，不是越來越充實，而是越來越虛浮。

這些教書先生，與詭辯的哲學家成了一類人。柏拉圖說過，教師應該是各行各業中最有益的行業，但是，在形形色色的人群中，他們非但不能像木工或瓦工那般，做好大家交付的任務，並且還做不好，做不好就罷了，還要別人支付薪酬。

普羅塔哥拉斯（Protagoras）對他的弟子定下門規，要學生們選擇要麼交學費，要麼發誓會高度讚揚所學的知識，以此報答老師的辛勞。我的那些學究先生們，倘若願意和我做此嘗試，遵循普羅塔哥拉斯的規矩行事，他們一定會失望透頂的。

用佩里戈爾方言，可以把這些學究們蔑稱為「挨打的文人」，之所以這樣形容，是因為他們被文字的錘頭當頭一擊。實話實說，他們經常自甘墮落，乃至喪失了常識。農夫和鞋匠依照自己的活法，自自在在，老老實實，直言直語，而那些學究，想與生吞活剝的知識抗衡，越是這樣做，就越陷入狼狽的境地。他們有時也會脫口而出一些哲理，但那是來自於別人

的。他們熟諳蓋倫[26]，卻絲毫不了解病患。他們對律法侃侃而談，卻找不出案情的關鍵。他們對一切事物的理論瞭若指掌，可沒有一人願意付諸行動。

　　一位朋友為了打發時間，便和一位學究展開了辯論。這位朋友效仿佶屈聱牙的隱語，把毫無邏輯的詞彙強行組合到一塊，時而加進辯論必須的語句，就這樣，他竟然和這位學究順利的從上午辯論到了天黑，學究還以為糾正了別人，洋洋得意，他還是一位名頭很響的文人，有一身華麗的長袍。

　　你，出身高貴，眼睛總往上面看，
　　小心身後有人笑話你。

　　　　　　　　　　　　　　　　　—— 佩爾西烏斯（Persius）

　　這類學究全國到處都是，如果誰能詳細調查一下，就會發現，和我說的一樣，他們往往不明白自己說的是什麼，也聽不明白別人說的什麼。他們的記憶儲備驚人，可決斷力卻空空如也，除非他們天賦異稟。圖納布斯[27]就是這樣的人。他一介文人，別無所長。我覺得，他是千年以降最偉大的文人，但是，除了身著長袍、不善虛禮等不值一提的小節以外，他毫無學究氣。他憎惡那些學究，學究們能夠忍受醜陋的心靈，卻忍受不了身穿長袍；學究們僅憑禮儀客套、儀表外貌和衣服靴帽來判

---

26 蓋倫（Galen，西元 129 ～ 200 年），古羅馬的醫學家、哲學家。他應該是古代史中最多作品的醫學研究者，他的見解和理論是歐洲起支配性的醫學理論，長達一千年之久。

27 圖納布斯，法國人文主義者，擅長雄辯術。

斷一個人。要看一個人的內心，我發現圖納布斯是世上最具涵養的人。我經常故意拿一些他比較陌生的事來試探他，但他很短的時間內就能貫通，並給出精確判斷，彷彿他一直就是領兵的專家、治國的能手。

他們的心靈，是善良的提坦普羅米修士用最好的泥土精心捏塑的。

—— 尤維納利斯

這是一群出類拔萃的人，他們接受的教育並不優秀，卻能潔身自好，如出淤泥之荷花。但是，我們的教育不能停留在不使人變壞的程度，而應該使人變得更好。

有些法院招聘司法人員，僅僅停留在考校理論知識上，而另外的一些法院還會考察決斷力，讓求職者判決案情。我覺得後者的做法更好。儘管學問和決斷力都必不可少，兩者應該並舉，可實際中，決斷力要比理論更重要。理論不夠，靠著決斷力同樣可以斷案，但反過來卻行不通。希臘的一句詩說得好：

不善決斷，學問再好也終難成事。

為了我們司法的公正，但願人群中多多出現既有淵博知識，又有公正決斷力的人才，以供法院之用。人們不是為了生活，而是為了學校教育我們。但是，知識不應依靠思想，兩者應該水乳交融，不應該用知識來灌溉思想，而應該拿來為思想染色，知識若不能糾正思想，使之更完善，那就最好將它棄如敝屣。擁有豐富的知識，卻毫無能力，不知怎麼使用還不如乾

脆不學，那樣的知識像一柄危險的劍，主人會反受其害。

　　或許，這就是社會上強調女子無才便是德的緣故。也是同樣的原因，當約翰五世（Jean V de Bretagne）的兒子布列塔尼公爵法蘭索瓦聽說他的未婚妻蘇格蘭女子沒有受過高等教育，教育程度一般時，他說這樣會讓自己更愛她，同時強調，一個妻子只須分清楚丈夫的襯衫和外套，就非常有學問了。

　　由此，我們不難解釋為什麼祖先們認為學問無足重輕，即使今天也只有君王的主要智囊們才需要博覽多讀。當今，只有法學、醫學、數學才被提倡；一旦增長知識無法達到使學問更有榮譽的目的，那麼，你會覺察學問的處境沒有好轉，悲慘依舊。倘若學問不能讓我們學會怎樣正確的思想和實踐，那就是最大的遺憾！「自從產生了博覽多知的人，就不會再出現方正高潔的人了。」

　　各種學問中，如果學不會善良這一門，那麼，其他所有學問均是無益的。剛才我所談的理由，應該能被下面的事所印證。法國的情況，之所以學習，通常就是為謀生，一些人家境優渥，不用為奔波賺錢而犯愁，所以有志於學問，但其中很多半途而廢（還沒學出眉目，興趣就轉移到別的方面去了）。除卻這些人，僅餘那些家境較差的人，汲汲於學問，想賴此糊口謀生。而這些人，可能處於自身能力所限，可能受到不好的家庭影響，他們的見識很難真正的反映學問本身的深度。因為學問不能開闢蒙昧人的思想，復明目盲人的眼睛。學問的責任不是讓瞎子重獲光明，而是讓視力得到矯正和提高，但前提眼睛本身是正常的，是可以透過訓練提高視力的。學問是靈丹妙

藥，但藥效有多持久，是否過了保存期限，藥瓶的材質也是關鍵。眼力好不見得視力不斜，所以，一些人知道正路卻不走，滿腹經綸卻不用。柏拉圖在《理想國》裡談到，基本原則就是基於每個公民的天性人盡其才。天性全知全能。腿有問題不應該強行鍛鍊，心靈壞了則不適宜思想工作；不能忍受蠢人和笨人研究哲學。當一個人鞋穿得不好，我們就會說他肯定是個鞋匠。同理，出於生活經驗，醫生往往較常人更不認真吃藥，學者比平常人的智慧更少。

以前，希俄斯島的阿里斯頓[28]有句至理名言，哲學家會禍害民眾。原因是大多數人很難從口若懸河的說教中受益，不能受益就會害人。「昔蘭尼學派[29]誨淫，芝諾學派[30]易出野蠻人。」

接下來要說的教育方法，色諾芬（Xenophon）認為波斯人廣泛採用。我們知道，波斯人著重塑造孩子們的勇敢意識，就像其他民族側重文化教育一樣。柏拉圖說，波斯人用這種方法教育太子，為的是能承繼大統。太子甫一臨盆，絕不交給女人撫養，而交給國王身邊年高德劭的內侍。內侍們負責教養太子，養氣質、強體魄；七歲開始教騎馬打獵，太子十四歲，將被交給四個人教育，即國內最賢能的人、最正直的人、最禁欲的人和最勇猛的人。第一個教育他品質高潔，第二個教育他以誠待人，第三個教育他平心寡欲，第四個教育他一往無前。

---

28 阿里斯頓（Aristo of Chios，約活動於西元前 3 世紀中期），古希臘哲學家之一。

29 昔蘭尼學派，阿瑞斯提普斯為希臘享樂主義學派創始人。

30 芝諾學派，指斯多葛哲學學派。

第八章　論學究氣

　　來古格士[31]的做法值得大書特書。他治國有道，本人白璧無瑕，對子女的教育非常積極，把這當作一項重要責任，何況身在文藝女神的故鄉，但他幾乎從不談論學問，他的態度是，對於僅僅重視美德，對其他目空一切的貴族青年，只須接受勇敢，賢能和正直的教育就足夠了，完全不用接受知識。柏拉圖將利庫爾戈斯的看法引入了他的法律。波斯人的教育方式，是要學生品評人或事，各抒己見，無論所持態度是否定還是贊成，都要給出理由，這種方式可以很好的共同研究法律和提高決斷力。色諾芬講過一件事：阿斯提阿格斯[32]要居魯士複述學校裡都發生了什麼，居魯士說：「在學校，有位高個子同學穿的大衣有點小，他把這件衣服給了一位矮個子同學，同時看到矮個子同學的外套非常寬大，於是他從矮個子同學身上扒了下來，自己穿上了。老師讓我評論此事，我說，這件事對雙方有益，應該維持下去。先生說我判錯了，因為我只在意合不合適，沒有將公不公正放在首位進行考慮，公正不容許強行剝奪他人的東西。」居魯士還說，他為此挨了鞭笞，就和我們在村莊讀書忘了語法時態的時候挨鞭子一樣。我學校的嚴厲程度絲毫不弱於居魯士的學校，我明白這一點之前，老師一定會先責罵我一頓。波斯人想要走速成的方法。既然明白了學習知識也只能學到賢能、高潔和頑強，他們寧可讓孩子們跳過學校環節，直接在實踐中學習，不是在課堂上教育，而是在行動中嘗試，不僅用格言名句，更重要的是透過範例和實踐，不拘一格

---

31 來古格士（Lycurgus），雅典著名政治家。
32 阿斯提阿格斯（Astyages），波斯王居魯士的祖父。

的教導和培養，使知識不再是思想的附庸，而成為思想的本色和慣性，不是培訓後才能掌握，而是自然而然的具有。這個道理有例可證，當斯巴達國王阿格西萊二世（Agesilaus II）被問到孩子們應該學什麼哪些時，他回答：「應該學習成年人應該做的事。」如此教育孩子，效果絕佳，也就不足為奇了。

有這樣的說法，想找文字學家、畫師和樂師，就得去希臘別的城市，想找法學家、法官和將領，就得去斯巴達。在雅典，人們學習怎樣說得精彩，在斯巴達，人們學習怎樣做得漂亮；雅典人學習怎樣打破某些詭辯的證據漏洞，不讓細節糾纏，不受模稜兩可的語言的欺騙，斯巴達人則學習怎樣節制欲望，抵制蠱惑，不向命運低頭，不怕死亡威脅；前者沉湎於說話，持續的錘鍊語言，後者盡心於行動，堅定的砥礪心靈。所以，當安提帕特（Antipater）要求波斯人提供五十名兒童做為人質時，波斯人的回答與我們想的大相徑庭，寧可交出一百名的成人。不用驚奇他們的想法，因為他們覺得兒童做人質是對國家的教育事業的損失。阿格西萊請求色諾芬把他的子女們送到斯巴達接受教導，不是為了學習文學或雄辯，而是為了掌握最極致的學問，即遵守和統率。

希庇亞（Hippias）向蘇格拉底詳細敘述了他的遭遇。他在西西里島，特別是其中的一些小城鎮，教書收入頗豐，但在斯巴達，他賺不來一點錢，因為斯巴達人很蒙昧，既不懂測繪，也不懂數學，既不想學語法，也不想學格律，只對一堆雜亂無章的列表興致盎然，就是每個國家的歷代君主和其興衰歷史。如果希庇亞能夠被蘇格拉底特有的方式調侃一番，那一定非常

第八章　論學究氣

有趣：但聽完以後，蘇格拉底循循善誘的讓對方衷心感嘆，斯巴達人的治國方式完美無缺，他們的生活快樂純粹，希庇亞因而得出論斷，他所尊崇的藝術是百無一用。

在重武輕文的斯巴達和其他相似的國度裡，例證比比皆是，都說明學習知識非但無法培育勇敢之心，反而會減弱氣概，讓人手無縛雞之力。當今之世，最強之國非土耳其莫屬，那裡的民眾也是尚武思想教導長大的。我覺得羅馬在崇尚學問後英武之氣就大不如前了。現在，最勇猛善戰的民族是最野蠻、最沒文化的民族，斯摹泰人、帕提亞人、帖木兒人都驗證了這一點。當哥特人將希臘踩在腳下時，他們當中有種意見，應該把所有藏書紋絲不動的還給希臘人，如此一來，他們的興趣可以從攻殺戰守轉變為足不出戶皓首窮經。幸虧這個見解，希臘的書店和圖書館藏才沒在火災中毀於一旦。查理八世（Charles VIII）劍鋒所指，那不勒斯王國和托斯卡尼的大半疆域俯首稱臣，他的親隨貴族們覺得，這次征服不費吹灰之力，原因就是義大利的君主和貴族汲汲於博覽多讀，而不是驍勇善戰。

第九章
論對兒童的教育 —— 致迪安娜·居松伯爵夫人

第九章　論對兒童的教育—致迪安娜・居松伯爵夫人

　　我未曾見過做父親的不認親子，即使兒子是漢生病或者駝背。也不是因為他對兒子非常喜愛，無視這些缺陷，而是無論如何，也改變不了父子的血緣，我也這樣。相比任何人，我最清楚，我寫的文章不啻於一個僅在童年淺嘗了最膚淺知識的人的囈語一般。那些知識僅僅剩下泛泛而模糊的印象，每個領域都涉及一點，但每方面都不夠有系統，完全是法國式的。總而言之，我粗略了解醫學、司法學幾個概念，數學分為四大領域。對於它們的目的略知一二。可能我還了解，在我們的生活，知識通常都希望能被用到。但是，我向來都是不求甚解，沒有用心研讀過現代知識之父亞里斯多德，也缺乏堅持不懈的毅力去探索其他學科。沒有任何學科我能說出個所以然，任何一個受過中級教育的孩子可能都比我有學問。最起碼，在他們眼中，我缺少考校他們基本課業知識的能力。倘若有人強我所難，必須出題的話，我就只能盡己所能出些普通的題目，考察他們天生的決斷力：這一課程，他們聞所未聞，就如同我對他們的課業一概不知。

　　除卻普魯塔克和塞內卡，我沒有接觸過其他可靠的書本。從這兩人的書中，我不停的採摘攝取，就像達那伊得斯（Danaides）們不斷把水灌向無底的水槽裡。我把從中吸取的某些片段記錄在冊，卻極少真正裝進心裡。

　　我對歷史很擅長，對詩也用情至深。就像克里安西斯（Cleanthes）所言，聲音擠壓進喇叭細小狹長的管子裡，一旦發出就振聾發聵，我覺得思想亦如是，它們擁擠在詩的韻腳下面，忽的竄身跳起，給我猛烈的震撼。關於我自身的才幹水

準，亦即我隨筆中研究的一切，我覺得它們被重力壓垮了。我的見解和思維只是摸黑前行，吞吞吐吐，忽忽悠悠，腳步蹣跚。哪怕我盡己所能走的路途遠了一些，我一點也不稱心。我極目遠眺，仍能看到更遠的景色，雖然似乎大霧瀰漫，若隱若現，辨別不清。我處之泰然，絕不矯揉造作，我手寫我心，只用直覺發音；經常會發生這樣的事情，在傑出作家的文中偶遇我也闡述過的陳詞濫調，例如前些日子我看普魯塔克的作品，偶爾發現了他對想像力的類似的描述，與其相比，我感嘆自己如此木訥死板，渺小不堪，不由得自怨自艾。即使如此，我還是欣喜欲狂，因為我的想法與他們意趣相投，至少證明我遠遠的步其後塵，贊成他們的觀點。除此以外，我還能分別出他們和我的差異在哪裡，這絕非每人都能做到的。但是，儘管我的論點不堪一擊，粗魯俚俗，我還是保留它們原來的模樣，雖然與那些作家相比有些不足，但絕不因此加以美化和修飾。要與這些人齊頭並進，必須挺直身子。本世紀有些作者行事輕浮，在他們無足重輕的文字中，經常通篇剽竊前輩作家，裝腔作勢，往自己頭上加冕，可效果事與願違，畢竟剽竊的和他們自己寫的天壤之別，高下立判，反襯托他們自己的文字愈加軟弱不堪，黯然失色，以致於適得其反。

這兩種做法涇渭分明。哲學家克律西波斯（Chrysippus）在他的作品中，不但整段引用其他作家的文字，乃至整部作品，比如他把尤里比底斯的《美狄亞》整部放進了自己的一部作品中。阿波羅多洛斯（Apollodorus）認為，誰不援引他人的語句，其著作一定不佳。與此相反的是，伊壁鳩魯流傳後世的

三百卷著作，其中沒有任何他人的原句。

　　一次，我無意中讀到一篇文章。那些法文句子平平淡淡，毫無生氣，不著邊際，讀起來昏昏欲睡，寡淡無比。讀了相當長的時間，深感厭煩，突然出現一個逸趣橫生、雅致精巧的片段。如果我能感到明顯的過渡，起伏不太突兀，那也還好，可簡直就是天淵之別，僅僅讀了六句，就感到文字一飛沖天了。所以，我也就察覺到我剛從深淵辛苦逃出生天，以後再也不願回去。假如我用這些典雅的片段來闡釋自己的一個論點，就將使我的其他示例黯然失色。

　　批判他人存在的，我同時也有的缺點錯誤，和我常做的批判我身上有的，他人也有的缺點錯誤，我覺得這兩者是可以互相包容的的，對於錯誤，正確的態度就是時時處處給予糾正，使其無處藏身。但我由衷了解，我必須膽大包天才敢跟我剽竊的文字一較高低，並駕齊驅，並且自信可以矇騙讀者的眼睛，掩蓋自己剽竊的行為。這得得力於我的臆想和本事，而且也由於我十分的盡心盡力。何況，我通常絕對不會和那些開創者針鋒相對，只是頻繁的細小的衝擊。我不與他們格鬥，只是輕輕碰觸。即使我下決心血戰一次，我也不會付諸行動。

　　倘若我能旗鼓相當的和他們角鬥，我就已經是個博學的人了，因為我援引的都是他們最出色的文字。

　　我發覺許多人身穿著別人的盔甲，武裝到手指頭都層層包裹，類似同一個領域的人輕而易舉就能做到，把前賢的學說東挪西借，從而服務於個人的企圖。那些人想把先賢的論斷包裝成自己的思想，自己無法產生有水準的思想，於是用先賢有水

準的思想來吹噓自己，第一這是不公平、無德行的行徑；第二，這是愚蠢的自欺欺人，他們僅僅得志於用沽名釣譽來換得庸碌民眾蒙昧的掌聲，然而在明察秋毫的人面前貽笑大方，這些人對剽竊他人的成果來哄抬自己身價的行為付之一笑，可是只有他們的肯定才至關重要。我個人覺得，這種剽竊是最不齒的事了。我不援引他人，除非能夠更好的闡明自己的思想。這裡不牽連編著，這些作品本意就是把先賢的學說論斷彙編整理起來面世的。除先賢外，現下也有人如此行事，其中一些人做得很高明。這些人思想卓異，比如利普修斯[33] 撰寫的《政治》就是一部淵博而艱深的巨著。

我的意思是，不論什麼，不管論述多麼荒謬，我都不想文過飾非，就像我的一副肖像畫，我本身謝頂華髮，畫家可能就直截了當畫了出來，沒有粉飾得不自然。因為我的個性和想法也是一樣的，我如實寫出來，是由於我就是這麼想的，而非應該這麼想。我只想展現真實的自己，而我現在的境遇，倘若新的知識能夠改變我，明天就會呈現另一面貌。我沒有權利要求同時也不追求別人的信任，我自知學識鄙陋，沒有教導學生的資格。

一位我的《論學究氣》的讀者，有天來我家告訴我，我最好在兒童的教育問題上系統談一談。但是，尊敬的夫人，假如我有育人的本事，那最應該獻給您馬上降生的兒子（您是如此尊貴，第一胎一定是男孩）。因為我向來是您忠實的僕人，

---

33 利普修斯（Justus Lipsius，西元 1547 ～ 1606 年），南尼德蘭（今比利時）語文學家、人文主義者。

第九章　論對兒童的教育—致迪安娜 · 居松伯爵夫人

我衷心的恭祝您事事順心，再說了，我曾熱心造就您的婚姻大事，所以應該為您家庭的興旺發達盡心盡力。但是，實話實說，教導和撫育孩子是人類最關鍵也是最繁難的一門學問。

就像種田，撒種前的耕耘簡單，撒種也很簡單，但是一旦賦予撒下的種籽生命，就有了各式各樣的培育方法，會遭遇各類難題；人也這樣，撒種沒什麼高招，但是孩子只要臨盆，就離不開撫養和教育，需要給予體貼入微的關愛，為他們哺養劬勞，奔波勞苦，提心吊膽。

人在孩提時代，興趣愛好顯得稚嫩柔弱，時有時無，前途茫茫，所以無法做出可靠的決斷。

可以想想西門（Cimon）、地米斯托克利（Themistocles）等人，他們的行動遠遠偏離了自己的天性。熊和狗的後裔一定會暴露牠們天生的癖好，但人卻能很快趨從於風俗、公論和律法制度，非常輕易就可以改弦易張和掩飾自我。

即使如此，強逼著兒童從事不符合他們天性的事，也是極其艱難的。經常有人花費漫長的精力，持之以恆於教導兒童做他們難以辦到的事，因為誤入歧途，結果竹籃打水。然而，教育孩子的任務是如此艱鉅，我覺得應該循循善誘，啟發他們從事最美好最有益的事，盡量不能太過憂慮於臆想他們今後的發展。柏拉圖在他的《理想國》中，好像也允許孩子們擁有很多的權責。

夫人，知識為人類披上一襲華麗的長袍，是為人類服務的妙不可言的工具，特別是對於您這樣，極有榮耀極有教養的人。實話實說，知識在位卑言輕的人手裡是無施展可能的。它

可以幫助大家找出證據、更好的辯論或開方治病，這也是它引以為傲的；但它的其他作用更突出，它是戰爭的幫凶、奴役人民或獲得其他國家信任的幫手。夫人，您世代書香門第（時至今日，令祖先的著作還擁有廣泛影響，您夫妻二人均是他的後代；您的叔父日日堅持寫作，他的著作足以使您家族的寫作才華彪炳萬代），您嘗過教育的好處，我堅信您肯定難以忘懷所受的教育，所以，對於這個問題，我只想對您傾訴一些淺見，是與通俗成見大相徑庭的，這也是我唯一能夠為您效勞的。

選擇怎樣的人聘為令公子的家庭老師，必將直接影響他受教育的結果。家庭老師的職責涉獵甚廣，但我想避而不談，因為我有自知之明，我是談不好的。在這裡，我有一些逆耳忠言想說給那位老師，他若能聽進心裡，就會認為我所言甚至。貴族出身的令公子，博聞強識的目的絕非為了追求利益（這個意圖鄙俚狹隘，不會獲得繆斯女神的看重和恩賜，還有，是否能獲利，這受別人掌握，與自身無關），也不是為了順應時代，而是為了強大自我，明悟心靈；不是為了培育學識淵博的人，而是為了成就精明強幹的人。所以，我希望能替孩子盡量物色一名見解多過知識的教師，最好兩者兼有，那是最理想的，倘若不能，那寧可找一位品德高潔，多謀善斷的人，也不要僅僅選擇一個僅僅學問淵博的人。我希望一名良師能用不保守的方法來教導孩子。

人們喋喋不休的向我們耳朵裡塞知識點，好似漏斗裡倒水，我們的責任僅僅是人云亦云，拾人牙慧。我希望令郎的家庭教師改弦易張，下車伊始，就要因材施教，根據孩子的才

第九章　論對兒童的教育—致迪安娜 · 居松伯爵夫人

具，嚴加考察，教會孩子用獨特的思維觀察、辨別和抉擇事物，有時引導他向前，有時讓他獨自乘風破浪。老師不要單獨想像，自說自話，應該教學相長，也要聽學生傾訴講解。蘇格拉底及後世的阿凱勞斯（Archelaos）上課時，就讓學生先說，然後他們再說。「教師的端莊威嚴多半對學生的學習沒有好處。」

老師應該允許學生跑在老師前面，這樣有利於判斷其速度，決定如何把速度放緩來符合學生的進展。一旦師生的速度不協調，事情往往一塌糊塗。能夠調整適宜的速度，換來步伐整齊，據我所知殊為不易。一個品德高潔而眼力精到的人，就要能夠放低姿態遷就孩子的步伐，並善加指導。與我而言，上坡的腳步要比下坡更穩當，更牢靠。

一般來說，不論學生的天賦和習性多麼的千差萬別，老師教導的內容和方式卻一成不變，所以，可想而知，在眾多學生裡，能有所成就者寥若晨星。

教師不應該滿足於學生能夠說出學過哪些詞語，還應該將含義和實質深入理解，在替學生打分數的時候，不應該看他死記硬背了多少，而是看他是否將知識融入了生活。學生剛接觸新的知識時，老師應按照柏拉圖的教學法，讓他觸類旁通，知行統一，看他是否真正為己所用，是否真正轉化為自己思想的一部分。吞了哪些，就倒出哪些，這是生搬硬套、沒有吸收的表現。腸胃如果不將吃進來東西的外觀及形態完全改變和消化，那就是怠工。

我們的思想任憑他人的思想操縱支配，終將勞而無功，脫

不開桎梏。我們項間被繩子勒住，也就亦步亦趨，完全沒有了生機及自由。他們無法實現駕馭自我。我曾經在義大利的比薩市訪問了一位學識淵博的人，但他把亞里斯多德頂禮膜拜，他深信不疑的信念是，一個學說是否真實可靠，只看它是否與亞里斯多德的論點相吻合，哪怕細節不同，就認為是臆想和空談。他堅信亞里斯多德無所不知，學說無所不有。他這個信念不被大家所接受，所以，曾深陷困境，不能自拔。

　　一個老師倘若讓學生嚴格挑選所學的知識，而不是蠻橫跋扈又枉費心機的讓學生牢記所有，那麼，亞里斯多德的那些準繩，也和斯多葛派和伊壁鳩魯派的準繩一樣，對學生而言，就不再是單一的準繩了。如果提出五花八門的論點讓他評判是非，那麼，他能分辨就會做出分辨，不能分辨的時候也會提出質疑。

　　相比肯定，我更喜歡質疑。

—— 但丁（Dante）

　　因為，只要要求學生能透過自我的思考，掌握色諾芬和柏拉圖的見解，那就不再是先賢的見解，而已經屬於他自己了。亦步亦趨在別人身後的人終將勞而無功。他就像竹籃打水，甚至可以說他主觀上就已經放棄去得到什麼了。「我們不受任何君主的奴役，每人都有駕馭自我的權利。」學生最少應該明確自己了解了什麼。應該將那些哲學家的論點掌握得得心應手，而不應該死記硬背他們的教條。如果開心的話，他將那些學說出自何人統統忘掉都沒關係，但應把它們轉化為自己的思想。

第九章　論對兒童的教育─致迪安娜‧居松伯爵夫人

真諦和理智是每人都有的，不用區分誰先說誰後說，也不用區分是柏拉圖說的，還是自己說的，只需他和我所見略同就好了。蜜蜂來來回回採摘花粉，但釀成的蜜卻屬於牠們自己，就不再屬於鮮花了；一樣的道理，學生從別人那裡尋章摘句，經過消化，變成自己的文章，就已經屬於自己的想法了。他所受的教導，他的勞動和鑽研，都是為了形成自己獨特的想法。

他從哪裡得到過啟發，可以隱匿，而只將收效呈現出來，絕大多數剽竊的人，只賣弄他們建成的屋子，買到的物品，而不會把從別人那裡吸收的東西公諸於世。法官收受的賄賂，尋常是無法看見的，大家能看見的僅僅是他的子女們獲得了良媒和美譽。誰也做不到把自己的收入上交充公，只會把私得的錢財祕而不宣。

透過學習，我們更加優秀，更加明智，這都是學習的成果。

埃庇卡摩斯[34] 說，只有領悟力能看到，能聽見，它使用萬物，操縱萬物，控制和主宰萬物；其他萬物都懵懂愚昧，缺少靈魂。當然，因為我們不把無拘無束的自由賦予領悟力的話，它就會變得俯首貼耳，瞻前顧後。誰曾讓自己的學生針對西塞羅某個箴言的詞彙和語法暢所欲言？人們把華麗的名人名言視作至理統統灌進我們的腦袋，哪怕一個字母、一個音節都不能背錯，認為它們都是事物奧義的一部分。滾瓜爛熟不等於明悟內涵，那僅僅是記住了別人講的東西而已。真正明悟的東西，

---

34 埃庇卡摩斯（Epicharmus，西元前 540～前 450 年），希臘喜劇劇作家、哲學家，對西西里、多利安的戲劇影響甚大。

就要懂得使用，無須在意老師，無須盯著課本。死記硬背得來的才華，是讓人惋惜的才華。希望這種才華只成為點綴，而不成為根本。這是柏拉圖的觀點，他說，堅韌、信心、誠信是真正的哲學，與之沒有干係的一切知識都是無關痛癢的點綴物。

我很希望帕瓦羅[35]、蓬佩[36]這些當代舞蹈界的才俊們教我們基本動作時，不要讓我們離開原位進行練習，而僅僅讓我們注視他們的動作，就像我們的老師教導我們決斷，卻不允許我們轉動腦筋那樣；我希望人們在教導我們騎馬、射箭、彈琴或音樂時，不要讓我們訓練，就像我們的老師教導我們評判和口才時，不訓練我們的講話和邏輯那樣。與此同時，在學習舞蹈此類點綴物時，我們要將所見的一切當作重要的教科書：侍者的卑賤，奴僕的粗笨，餐桌上的談論均是嶄新的必修內容。

所以，人際交往是非常應該採取這種學習方式的。還有遊遍天下，但絕非我們法國的貴族那樣，只關心宮殿的臺階有幾層，利維亞小姐[37]的短襪褲有多麼好看，也不似某些人，只觀察到尼祿（Nero）在某廢墟雕像上的面龐比他在金幣上面的哪個更長，需要做的是，借鑑這些國家的特色和風俗，借用他人的智慧來填充我們的腦袋。我希望，在孩提時代，就應該周遊各國；還有一石二鳥的好處，可以學習外語，先從有著較大語言差異的鄰國開始，畢竟若不能儘早磨練孩子的唇舌，成人後掌握外語的難度很大。

---

35 帕瓦羅，法國國王亨利三世的宮廷舞蹈教師。

36 蓬佩，帕瓦羅同時代的另一位著名舞蹈家。

37 利維亞小姐，著名舞蹈家，短襪褲裝扮曾風靡法國。

第九章 論對兒童的教育—致迪安娜‧居松伯爵夫人

另外，普遍的看法，孩子受教育的時候，應該遠離家庭。父母會由於自然而然的舐犢之情，變得很遷就，即使是最理智的父母。他們狠不下心來責罰孩子的過失，不忍心目睹對孩子的教育太粗魯，太受制約，太危險。當看到孩子出操後的大汗淋淋，灰頭土臉，日晒雨淋，父母會難受；當看到孩子駕馭烈馬，拿著無鋒劍和嚴苛的老師真劈實砍，父母會心疼。教導孩子沒有第二條路：誰想讓孩子出人頭地，就不能在孩子青少年時代心慈手軟，而應該經常違反醫學準則：

讓孩子們風餐露宿，提心吊膽。

—— 賀拉斯

對孩子，不僅要砥礪其精神，還要磨練其軀體。精神如果沒有軀體的強力支撐，獨自承受雙倍的責任，會難擔其重。我感觸良多，我身體虛弱無力，精神要付出多倍的勤苦，才能禁受軀體的重負。我那些老師們在書中品論崇高和無畏時，往往對銅筋鐵骨的健壯之軀讚嘆不已。我還見到很多男人、女人或者兒童，天生偉力，棍棒加身，猶如彈指而已，聲色不動，連眉頭都不皺一下。角鬥士與哲學家進行耐力競賽，更多的是憑藉軀體，而不是依靠精神。但是，能夠耐勞，和慣於吃苦沒什麼區別：「勞動能練出不怕痛的老繭。」要讓孩子習慣任勞任怨，這樣的話，他們就不再害怕脫臼、胃痛、灼燒、監禁和嚴刑拷打。誰也不能肯定他們不會遭受牢獄之災，好人也時常會和壞人一樣被監禁、受酷刑。我們要承受住考驗。有些人無法無天，會用鞭子和繩子脅迫好人。

還有，老師在孩子面前的威嚴應該不受侵犯，若是父母在一旁，教學就會礙手礙腳。另外，照我看來，孩子受到家庭過分的疼愛，或者從小就有豪門貴族的優越感，這對孩子的成長沒有絲毫好處。

　　在教導人際關係時，我總能發現有一個瑕疵：我們不斷的刻意的誇顯自我，炫耀自己的水準，而沒有去理解別人，吸收嶄新的知識。閉嘴和謙虛對人際互動有好處。您的孩子有了本領，我們要教導他莫要顯山露水；儘管別人信口雌黃，也莫要怒不可遏，因為聽到不合自己胃口的言語就怒容滿面，是失禮和討嫌的行為。要教導孩子注意自身涵養的提升，自己不做的事，別人做了也不能說風涼話，沒必要和風俗背道而馳。「一個賢人，不應該炫誇學問，不應該咄咄逼人。」要教導孩子謙遜懂禮，不能妄自尊大，不能年紀輕輕就自以為是，為吸引關注就處處爭強好勝，用貶低別人和標榜自己來換取虛名。只有大詩人才有資格在藝術上另闢蹊徑，只有崇高的偉人才可以拋棄傳統，別出心裁。「即使蘇格拉底和阿瑞斯提普斯擺脫了習俗和慣例，人們也不能學他們，他們博古通今，超群絕倫，因而才能不落窠臼。」要教導孩子唯有在旗鼓相當的時候，才可以擺明觀點或開始爭辯，就算如此，也不能把所有的招數全部使出來，而只需要使出最有效果的。要教導孩子對有利的論據精挑細選，講道理要簡明扼要，所以也就要提綱挈領，一針見血。要教導孩子一旦明辨真理，就要馬上衷心折服，不論真理是對方提出來的，還是自己的觀點稍加修飾而成。因為他高臺演說，不是為了說預定的臺詞，而是為了追求真理。要教導孩

子不受任何情由的羈縻，否則會做出當場嘴硬可事後懊悔的傻事，唯一例外是自己認可這個情由。「沒有什麼能夠強迫他為既定的觀點辯護。」

倘若他老師個性與我相同，就會引導孩子立志報國，嘔心瀝血，勇往直前。可是，這種忠誠僅僅限於履行公共事務，要讓孩子打破別的思想。一個人一旦被僱用和拉攏了，就像欠了債，是要還錢的，說話也就不會發自肺腑，要不口是心非，要不就要擔負魯莽草率和背信棄義的罵名。

一個大臣，只能說君主想說的，做君主想做的，這是他僅有的權利和意圖；君主從萬千子民中挑中了他，而且親自教導。這個寵遇和虛名讓他利令智昏，他也就無法像從前那樣暢所欲言了。我們知道，這些人的措辭一般和其他階級的措辭截然不同，他們說話有些虛偽。

要使孩子的言論符合良心和品德，只能教導他們理性。使他明白，當他發現自己的論點有謬誤，即使旁人還沒覺察，也要坦誠認錯，這是真誠和善於決斷的表現，而真誠和善於決斷正是孩子尋求的最重要品德；還要讓他明白，堅持錯誤或執迷不悟是笨蛋的品格，越是鄙陋的人，身上這個缺陷就越清晰；孩子必須明白，修正觀點，糾錯勘誤，過程中揚棄一個錯誤的主張，這項品德善莫大焉，是哲學家的品德。

要讓孩子明白，與別人同行時，要機智靈活，多聽多看，因為我發覺最關鍵的職位往往掌握在烏合之眾手裡，富可敵國不等於智慧超群。

當餐桌正位的人誇誇其談，說一些諸如「某一掛毯多麼綺

麗」,「這酒多麼可口」的時侯,我希望聽見孩子能夠說出有趣的話語。

孩子應該探尋每個人的特有價值:牧人,瓦匠,過路客。應該調動一切,博採眾長,因為全部都能為己所用,哪怕是旁人的愚昧和缺陷,對他也很有教育意義。透過觀察每個人的言談舉止,他就會欣羨體面的舉動,藐視不雅的儀態。

應該引導他凡事問一個為什麼的好奇心,四周所有的東西,他都可以問個究竟,一棟房子、一汪清水、一個路人、戰爭遺跡、凱撒或查理曼(Charlemagne)所經過的地方:

> 什麼土地會冰凍,什麼土地驕陽下塵土漫天,
> 什麼風能把帆船吹往義大利。

—— 普魯佩斯(Prouveresse)

他將通曉這些君主的秉性、才華和婚姻。學這些知識既有趣味,又有用處。

在這種人際互動方式中,我覺得也應該包含,並且主要包含那些僅僅在書中才出現的歷史人物。他會在史書中與彪炳千古的偉人巨匠們對話。這樣的學習可能會勞而無功,但也可能好處多多,這將受人們的意圖而定。就像柏拉圖所言,這種方式是斯巴達人唯一看重的學習。孩子拜讀普魯塔克的《名人傳》,哪能不受啟迪呢?然而,老師不能忘了自己的責任,不要讓學生僅僅熟記迦太基滅亡的日期,而對漢尼拔(Hannibal Barca)和西庇阿(Scipio)的德行一帶而過,不要讓學生僅僅記

第九章　論對兒童的教育—致迪安娜 ‧ 居松伯爵夫人

住馬塞魯斯 [38] 在哪裡身亡，卻對他的死因含糊其辭。老師不僅僅要教授學生歷史知識，更重要的是教會學生怎樣正確判斷。我認為，這是我們腦筋務必十分注意的內容。我在一本書中學到了很多知識，別人卻沒有學到，而普魯塔克從裡面得到的很多感悟，我卻沒感悟，或許作者本身也不是這個意思。有些人研究的是純語法，另一些人卻是在鑽研哲學，從中發掘人類天性中最深的奧義。在普魯塔克的作品中，有很多闡述微言大義，耐人尋味，我認為他是這類作品的集大成者。但他同時也有很多闡述只是輕描淡寫，僅僅為有志於此的人指點大概方向，有時只涉及一個問題的癥結就點到為止了。應該把那些議題抽離出來，加以細化鋪衍。拉博埃西 [39] 的《甘願受奴役》，就發軔於普魯塔克的一句話，那就是亞洲只向一人屈膝投降，對他俯首貼耳，從未說「不」。有的時候，普魯塔克還從某人經歷中遴選一件小事或一句話作為評述的課題，但它們好像不足成為一個議題。令人遺憾，領悟性好的人都喜歡言簡意賅，這會使他們聲名顯赫，但我們同樣這麼做，就不見得效果多好。普魯塔克希望我們稱頌他明辨是非，而不是博古通今，寧願激發我們對他的興趣，而非對他厭棄。他明白，關於好事，人們總是說得過多，亞歷山德里達 [40] 就曾一針見血，責備那位過度稱頌斯巴達法官的人：「我的天！外鄉人，你用不適宜的方式，

---

38 馬塞魯斯（Marcellus），古羅馬著名將領，與漢尼拔作戰時遇伏身亡。

39 拉博埃西（Étienne de La Boétie，西元 1530 ～ 1563 年），法國作家，法國政治哲學的奠基人、反暴君論的重要代表人物。是蒙田最親密的好友。

40 亞歷山德里達，普魯塔克在《斯巴達箴言集》中提到的一位斯巴達人。

說了適宜的話。」身材瘦弱的人填塞衣服冒充肥胖，一無所知的人說個沒完假裝聰明。

世人透過與世界的溝通連結來增強決斷力，希望自己對事物能夠明察秋毫。我們每人都局限於自己的視野，目光如豆，只看見眼前這點事。當蘇格拉底被問到是哪裡人時，他不回答：「我是雅典人」，卻回答：「我是世界人」，他的想像力比我們要寬闊精深得多，他將宇宙當作自己的家鄉，把自己的學識傳播至整個人類，深愛全人類，與全人類交流，絕非我們的鼠目寸光。我家鄉的葡萄園受到凍害時，我的朋友斷言這是上蒼降罪，同時肯定的說，野蠻民族一定會口乾舌燥。看到自己國家出現內戰，大家都叫喚全世界都亂成一團了。他們從不反思，比這糟糕的事有的是，可在世界的其他地方，人們依舊過著平靜安詳的生活。而我，即使戰爭造成兵連禍結，胡作非為，我卻驚奇的發現它們溫順而柔弱。有的人迎頭遇到冰雹，就認為暴風雨肆虐了半個地球。薩瓦人亨利・埃蒂安納[41]說，若是那位笨蛋法國國王會理財的話，為他的公爵當廚房管家應該可以勝任。埃蒂安納認為他的主人公爵先生是世界上最偉大的人。我們都會不自覺的犯同樣的錯誤，並且後果嚴重、損失重大。可是，只有像觀看一幅畫時，見識到大自然這位母親那至高無上的權威，那變幻莫測的萬千形態，並且驀然發現，不只我們自己，就連整個國家的版圖都僅僅像一個墨點那麼大，我們才能意識到，再大的事物也不值一提。

這個花花世界，如一面銅鏡，我們應該攬鏡自鑑，為的是

41 亨利・艾蒂安（Henri Estienne），法國人文主義者。

第九章　論對兒童的教育—致迪安娜・居松伯爵夫人

更準確的剖析自我；有的人還把它比物連類，使之更加目眩神迷。一句話，我願讓世界成為我學生的教科書。它包羅萬象，林林總總的特徵、學說、理解、見識、律法和風俗，可以使我們深刻認識自我，意識到自己的理解有哪些偏誤和瑕疵，這絕非尋常能學得到的。看到國家艱難苦恨，多災多難，這讓我們意識到我們個人的命運也不會多麼順利。看到無數的豐功偉績、攻城掠地被歷史所遺忘，然而我們自認為捉到幾個騎兵、奪取雞窩一樣的戰場工事就能青史留名，那就會明白這個想法無比荒唐。當見識到多少外國的奢靡豪侈，多少宮廷的莊嚴肅穆，我們也會眼界大開，就能對我們自己的引以為傲的華麗有個正確的認知了。在我們前頭，多少人已長眠，我們還有什麼可怕的，無非到那個世界去尋找知音。凡此種種。

畢達哥拉斯說，人的一生就像一場規模浩大的奧林匹克運動會。有的人強身健體，為的是競賽中獲得名次，有的人利益為先，去販賣各類商品。還有的人 —— 絕非最差勁的 —— 僅僅作壁上觀，關心著每件事的進展、結果，注意著別人的生活，並充分借鑑，改進自己的生活。

所有實用的哲學觀點都會完全符合以上的示例。哲學就像準則，是人類活動必須觸及的。要讓孩子知道：

> 我們應該希望得到什麼，
> 血汗錢應該怎樣運用，
> 祖國和雙親對我們的希冀是什麼，
> 上天生我意何如，
> 他要我承擔什麼角色，

我們為何存在，為何出生。

—— 佩爾西烏斯

還要讓孩子知道，什麼是真正的知道，什麼是真正的無知，學習的目標是什麼；什麼是勇敢，什麼是壓制與正義；宏願與貪心、桎梏與順從、放蕩與自由之間差別在哪裡；什麼是認識真正滿足的標準；對死亡、痛苦和恥辱，什麼限度的恐懼是正常的。

以及應該如何躲避或者承受痛苦。

—— 維吉爾

要讓他明白什麼動力能驅趕我們前行，什麼方法能鞭策我們不斷轉變。因為我認為，為了鍛鍊孩子的判斷力，必須先向他灌注一些東西，能夠直接決定他的習性和思維，教導他認識自我，教導他如何死得有價值，活得有意義。關於七種自由藝術，應該從能夠讓我們自由的藝術開始。

這七種藝術，一定可以讓我們學會怎樣生活，就像其他任何事物能讓我們學會生活一樣。但應該挑選其中與我們的生活和事業密切相關的一種藝術形式。

如果我們把生命的附庸制約在適宜準確的區域裡，我們就會了解，在所有普適科學裡，最精彩的部分是不普適的，即使普適的部分，也有些廣泛而深奧的東西是沒用的，最好束之高閣，依照蘇格拉底的訓誡，把我們的學習局限在實用性內。

第九章　論對兒童的教育—致迪安娜 · 居松伯爵夫人

想變成智者，那就趕快行動呀。
在生活裡踟躕不前的人，如同
等待河床乾涸後才敢過河的蠢貨，
但河水滔滔，奔騰不息呀。

—— 賀拉斯

阿那克西美尼（Anaximenes）寫信給他的學生畢達哥拉斯，說道：我身邊到處都是死滅和壓迫，怎能沉迷於探索天上的星座？當時波斯國王正厲兵秣馬，要侵略他的國家，而我們每個人都應該捫心自問：我被陰謀、貪念、莽撞和迷信輪番暴擊，何況生活中存在著形形狀狀的對手，難道還有精力去研究天體的軌跡嗎？

當孩子從我們的教導中學會了怎樣才能變得更聰慧更傑出之後，就可以開始學習邏輯、物理、幾何和文學了。他的判斷力已經萌發了，無論選擇哪門學科，很快就會觸類旁通。授課的方法形式多樣，可以選擇聊天的方式，可以選擇解讀圖書的方式；老師可以讓他泛讀與課程有關的名家名篇，也可以仔細評論精神內涵。如果孩子自己非常不擅長讀書，沒法發現書中的精妙之處，老師可以有針對性的替他篩選名家，根據不同的意圖準備不同的素材，發給學生。誰能否認，這種授課方式比一些方式更加便利更不呆板呢？有些人講課，講的都是佶屈聱牙、寡淡無聊的原理和泛泛抽象的名詞，沒有任何可以開啟智力且意義深刻的知識。而使用我上述的方式，可以學到太多易於理解和消化的知識。這樣長出的碩果必然無比豐茂，也加倍的成熟。

令我感嘆的是，當前這個時代，現實叫人難以置信，即使極富智慧的人，也片面覺得哲學是個抽象空泛的名詞，不論從公論或是從實效看，哲學既沒用武之地也沒有實用價值。我覺得，原因無非是模稜兩可的詭辯把哲學的每條通道都封堵了。把哲學描述成不苟言笑、孤獨冷漠的可怕模樣，使孩子難以理解，這是無比荒誕的。是誰把哲學真正的面目隱藏在虛偽的面具以下？哲學是無比輕鬆，無比快樂的了，我險些說它詼諧搞笑了。它只告訴大家要無憂無慮的活著。在它那裡，垂頭喪氣完全沒有存在的必要。一位語法學家在得爾福斯神殿遇到一群坐而論道的哲學家，便懷疑的問：「我是否搞錯了？你們平和歡暢的表情，哪裡像在激烈辯論。」哲學議題向來會讓鑽研者有滋有味，樂在其中，而絕非愁雲滿面，鬱鬱寡歡。

> 身體欠安，可以感覺內心的忐忑，
> 但也可以認為內心的愉快，
> 因為兩種狀態都可以從表情看出來。

—— 尤維納利斯

內心有了哲學的位置，就能榮光煥發，可以用心靈的健康來增進身軀的健康。內心應該把平和及快活表露出來，用自己的範本來打造身軀的行動，使自己溫文爾雅，輕鬆快樂，醇厚自信。心靈健康最明顯的表現，就是長久的無憂無慮，好似月球上的東西，總是心平氣和。讓那些僕役渾身邋遢的，是三段論[42]，而絕非哲學本身。那些人僅僅調動耳朵來研究哲學。難

---

42 三段論，對某些邏輯結構的研究，可以從一些特定前提推論出某個結論。

道不對嗎？哲學無疑可以讓大家內心的驚濤駭浪轉為安靜，教導人們希望快樂，但不是經過某些假設的預定軌道，而是經過順情順理而簡單確切的推論。哲學以良好的德行為準則，而美德良習絕非課本裡描繪的那樣，種在人跡罕至的懸崖峭壁上。截然相反的是，那些與美德慣常來往的人，覺得它安身於富庶肥美、草長花開的平原上，從那裡俯瞰下面的全部事物，一覽無遺。若人們輕車熟路，可以透過鬱鬱蔥蔥、開滿奇花名卉的道路來到那裡，這是一項無比開心的事，山坡坦蕩，好似通天的大道。那美德高高在上，華美莊重，溫情款款，並且極具情趣，勇往直前，它和暴虐、愁苦、恐懼和束縛格格不入，它以天性為嚮導，和幸運快樂是朋友。可那些人由於從未接近過美德，見識淺薄，把它臆想為愁雲滿面，強人所難，爭執不休，怒氣不息，把它放在懸岩峭壁，孤苦伶仃，四面遍布荊棘，這種臆想的面目讓人莫名其妙。

　　老師不僅應該教導學生尊崇美德，還應該，更用心的教導他尊崇愛情，讓美德和愛情充溢於心靈，老師會對學生說，詩人作詩總是依照普適規律，將愛情當作永遠的焦點，奧林匹斯山的諸神更願意在通向維納斯而非雅典娜的道路上拋灑血汗。當孩子自我意識萌動時，就介紹布拉達曼或昂熱利克[43]給他當情人：一個的美是清水芙蓉，樂觀進取，落落大方，雖然不是男人卻寬宏量大；另一個的美弱不禁風，無病呻吟，嫵媚欲滴，過分做作；一個穿著男孩外衣，頭戴耀眼高頂盔，另一個

---

43 布拉達曼或昂熱利克，亞里斯多德的著作《憤怒的洛朗》中性格涇渭分明的兩位女主角。

穿女孩服飾，戴有珍珠鑲嵌的小軟帽；倘若他做的抉擇與女人氣十足的牧羊人帕里斯[44]不同，他就自認為他的愛情充滿陽剛氣。老師將對他上印象深刻的課程，讓他明白，美德的真正價值和尊貴之處，在於單純、有用和快樂，它遠離困難千里之遙，不論兒童還是成年人，心機單純的，還是聰慧通達的，都一學便會。美德採取的方式是勸導，而非強迫。它的第一個驕子蘇格拉底有意識的放棄強迫的方式，而是順其自然，簡簡單單，漸漸的擁有美德。它如同慈母，用心呵護人類的快樂：當它讓快樂順情順理，也就使它們變得純真高潔；若是制約快樂，也就會讓它們神采奕奕，興致盎然；倘若它把置之不理的快樂拋除，就會讓我們對餘下的更感有趣；它把我們天性追求的快樂全為我們留下，非常富足，我們才能夠恣意享用慈母般的體貼，直到稱心如意，甚至厭煩（或許我們不願承認節食是快樂的死敵，它讓喝酒的人未醉便停杯，吃飯的人胃還沒滿便停止下嚥，好色的人未得禿髮症便潔身自好）。倘若美德缺少一貫的好運氣，它就乾脆躲避或放手，另造一個完全掌握在它自己手裡的命運，不再是左右搖擺，反覆不定。它善於成為富翁、強人和學者，睡在富麗堂皇的房間裡。它樂享生活，享受秀美、榮耀和健壯。但它獨特的使命，就是擅長正當的花費這些金錢，也擅長隨時隨地的喪失它們：這任務與其說艱鉅，不如說高貴。失去它，生命的所有歷程就會違背正常，風雨飄搖，骯髒卑劣，也就成了僅剩暗礁、波折和荒謬的怪物。倘若

---

44 帕里斯，希臘神話中的特洛伊王子，在裁判維納斯、茱諾、密涅瓦三位女神誰獲得金蘋果的裁決中，為了得到美女，把金蘋果判給了愛神維納斯。

第九章　論對兒童的教育—致迪安娜・居松伯爵夫人

這個學生非常奇特，愛聽老師講逸聞趣事，而非記敘一次快樂的旅程或理智的規勸；倘若他的同伴們聽到戰鼓如雷便慷慨激昂，但他卻被街頭藝人所吸引，回頭去看精彩的表演；倘若他認為櫛風沐雨凱旋而回毫無趣味，更渴望在球場或舞池風光無限；若是這樣，我無可勸告，只有規勸他的老師趁身旁無人，乾脆把他勒死得了，要不就讓他去做個做點心的手藝人，即使他身為公爵之子，因為柏拉圖教導我們，孩子長大後在社會上立足，不應該憑藉家族的勢力，而應依靠自己的本領。

既然哲學教會我們生活的知識，既然人們在孩提時期，與在其他各階段一樣，能獲益匪淺，那麼，為何不給予孩子正確的哲學課程呢？

> 黏土鬆軟溼潤，立即行動起來，
> 讓輕盈的輪子旋轉起來，把它百煉成形。

—— 佩爾西烏斯

生命終止時，人們才教我們怎樣生活。多少學生還沒接觸到亞里斯多德有關控制情慾的學業，就已經身染梅毒。西塞羅說，倘若他能再活一次，絕不會浪費精力去鑽研抒情詩人的作品。我斷定那些詭辯家比大家認為的更加可憐和廢物。我們的孩子時間寶貴，他們僅僅在十五、六歲之前接受教育，之後的人生都投身於實踐了。時間如此短暫，盡量讓他們掌握必要的課程。灌輸艱深的詭辯論給學生是荒唐的，必須把詭辯論從辯證法的課程中剔除，詭辯論對我們改善生活沒有任何作用。應該挑選直白的哲學觀念，要挑選得恰如其分：相比薄伽丘

（Boccaccio）描述的故事，哲學更易於接受。孩子還在襁褓中，就可以接受通俗直白的哲學，這比拼讀和寫字更簡單。哲學既有適用於老年人的闡述，同樣也有適宜兒童的道理。

我同意普魯塔克的觀點。他說，亞里斯多德在培養大弟子亞歷山大的時候，基本不講三段論或幾何定律，教他更多的是有關勇氣、膽量、大度、制欲和勇往直前的訓導。等到亞歷山大把這些都掌握以後，在他還沒有正式成年時，亞里斯多德就讓他去征戰全世界，但僅僅給他三萬步卒，四千匹戰馬和四萬兩千枚埃居的本錢。普魯塔克說，關於其他門類的藝術和知識，亞歷山大也深表敬慕，稱讚它們很傑出，很雅致，可是，依照他的興趣，他很難萌發將它們在行動中嘗試的想法。

> 壯年和老年，請在其中挑選合適的規律，
> 賺夠行將就木之時的生活費。
>
> —— 佩爾西烏斯

伊壁鳩魯在給別人的一封信的起始就寫道：「但願兒童不對哲學叛逆，老翁不對哲學厭煩。」其中的意思好像是，假如不如此做，不是未得到，就是難再得機會去獲得成功。

因為這樣，我不想您的孩子被視作囚徒，不想把他託付給一個鬱鬱寡歡、捉摸不定的老師教育。我不願意汙染他的心靈，讓他像其他孩子那樣，每天苦讀十四、五個鐘頭，像挑夫那樣苦不堪言。若是他性格不合群或陰晦，太過埋頭書本，而大家明知他這樣做太不好卻還不阻止勸告，我覺得這很不恰當，這會讓孩子對人際互動和更好的娛樂喪失應有的興趣。我

第九章　論對兒童的教育—致迪安娜 · 居松伯爵夫人

認識很多和我年歲差不多的人一心渴求知識，最後變得呆頭呆腦，蠢笨不堪。卡涅阿德斯[45]埋頭苦讀，神思錯亂，忙得都沒有剃鬚和剪指甲的時間。我也不願意看到別人粗鄙的言行對他高雅的舉止產生負面影響。原來法國人的謹小慎微的個性是遠近馳名的，但沒有做到慎終如始，沒有堅持下來。實話實說，即使時至今日，我們依舊可以感覺到，法國的孩子是鶴立雞群的，可是，小時了了，大未必佳，他們經常背離大家的期望，成年後，就不再那麼非同凡響了。我聽到一些卓有見地的說法，認為大人把孩子領進校門，課程氾濫成災，教育出來的孩子呆頭呆腦。

而您家這位公子，書齋、花園、餐廳、臥室就是他生活的全部、獨自一人、有人伺候、不管早上還是傍晚，任何時間都是他學習之時，任何地方都是他學習之地，因為他主要學習哲學，而哲學的最大特點就是隨時隨地都可學習，這對培養他優秀的判斷力和習性有好處。在一次飲宴之時，大家請大雄辯家伊索克拉底（Isocrates）針對雄辯術介紹幾句，他的發言，至今仍被大家視作箴言：「現在絕非我介紹會做之事的機會，現在應該做的，我不擅長做。」畢竟大家參加宴會的目的是為了開懷暢飲，品嘗美味，此時向大家闡述怎樣使用雄辯術進行演說或爭論，顯得不合時宜，與氛圍不符。其他的門類也不適宜在酒會上討論。可是，哲學裡的一些內容與人的職務或職責關係

---

45 卡涅阿德斯（Carneades，西元前 213～前 129 年），昔蘭尼人（今屬利比亞），哲學家，曾經在雅典學園從事研究工作，於西元前 155 年之前成為學園領袖。

很大，所有的哲學家在這個問題上有共識，為了言談的高雅大方，不能牴觸在宴會和娛樂時應用哲學。柏拉圖的宴會上就有哲學，儘管這裡所說的是哲學最崇高最實用的論點，但我們從中得知，它可以隨機應變，方式靈活，在既定的時間和地點，都能讓在場的人快樂。

哲學對於富人和窮人都很實用，
無論是兒童還是老翁，誰忘掉哲學，誰就要吃苦果子。

——賀拉斯

所以，毋庸置疑，我們的孩子不會與別的孩子一樣無事可做。可是，就像徘徊在畫廊裡，走的路程三倍於直線距離，卻不會疲勞。一樣的道理，我們的課程似乎是見到什麼就講解什麼，不論時間和地點，與我們所有的言行舉止融為一體，將在潛移默化中進行。就連遊樂和運動，像奔跑、角鬥、聽音樂、跳舞、狩獵、騎馬、兵器演練等，也會成為學習的重要部分。我認為，錘鍊孩子心靈的同時，也要鍛鍊他的落落大方，擅長交流，身體強壯。我們塑造的不是簡單的一個內心或一個肉體，而是一個活生生的人，不能把心靈和肉體脫離，就像柏拉圖所講，不能僅僅訓練其中一個而漠視另一個，要把它們看得同樣重要，就像兩匹馬套在同一架車上。從柏拉圖的話中可以知道，他並沒有過分強調身體鍛鍊，而認為心靈和肉體不分伯仲，而不是截然相反。

另外，對孩子的教導應該既嚴格又平和，而不能單純依從慣常的做法，如果那麼做，不會起到激勵孩子們讀書的作用，

事與願違，會讓他們認為讀書是很恐懼很冷酷的事情。

　　我反對使用暴力和強迫的手段。我覺得暴力和強迫最能使孩子變得蠢笨和無所適從。若是你願意讓孩子懂得羞恥和害怕受罰，就千萬不能讓他變得遲鈍麻木。要錘鍊他不怕流血淌汗，不怕嚴寒、酷熱和狂風暴雨，藐視所有危險；教導他在衣食住行各方面不挑剔，隨遇而安，能夠適應任何艱苦的環境。但願他不是一個軟弱害羞，而是健壯開朗的小男孩。我一直都這麼覺得，不論在我的童年、成年還是老年各個階段。可是，最讓我不贊同的，就是我們絕大多數學校的管理方法。若是能給孩子多一點的包容，孩子受到的傷害還可能少一些。學校簡直就是一座貨真價實的大監獄，專門囚禁孩子。人們責罰孩子，直到孩子們精神恍惚。您可以去學校轉一轉：到處都是孩子的哀號和老師的暴怒。孩子們是多麼的柔弱怯懦，為引發他們探求知識的渴望，老師卻手拿戒尺，繃著老臉，強逼著孩子們低頭念書，這是何等殘酷的做派呀？這莫非不是非常偏執、非常危險的嗎？關於這點，昆體良[46]有著同樣的見解：他明確指出，老師的跋扈獨斷，特別是體罰孩子，後果嚴重且危險。照理說孩子們的課堂本應該用美麗的鮮花鋪就，而絕非血淚斑斑的戒尺！我想讓教室裡充滿歡歌笑語，洋溢著快樂的氛圍，就像哲學家斯珀西昔斯[47]在他的學校裡實踐的一樣。孩子們獲

---

[46] 昆體良（Marcus Fabius Quintilianus，約西元 35 ～ 100 年），羅馬帝國西班牙行省的雄辯家、修辭家、教育家、拉丁語教師、作家。西元 69 至 88 年教授修辭學，成為羅馬第一名領受國家薪俸的修辭學教授，並且是著名的法庭辯護人。

[47] 斯珀西昔斯（Speusippus，西元前？～前 338 年），古希臘哲學家。西元前

得成果的地方，應該就是他們遊玩快樂的地方。對孩子有益的食物應該蘸著蜜糖，而對孩子有害的食物則應該苦口難嚥。

令人倍感驚奇的是，柏拉圖的法律篇中，特別注意身邊年輕人的快活和遊樂，對他們的賽場競技、歡歌跳舞都描述得細膩生動，他說，這些活動在古代是歸阿波羅等神祇來統御和負責的。

柏拉圖在談到體操時，洋洋灑灑，大加鋪排，闡明了千百條準則，但對文學卻很少特別描寫，即使向眾人推薦詩歌也好像是為了音樂。

我們的言談舉止，應杜絕任何的矯柔做作和標新立異，因為那是醜陋可笑的，會阻礙我們在社會中的人際交流。

亞歷山大的廚房主管在漆黑的環境中會汗出如雨，站在太陽底下會體似篩糠。對於他的特異體質，相信每個人都會驚訝不已吧？有人對蘋果味道敏感，一聞到就像被火槍擊中，馬上就得逃得遠遠的，有人見到耗子就面如土色，有人一見奶油就乾嘔難受，還有的人見到拍打羽毛床墊就腸胃不適，就像日耳曼尼庫斯（Germanicus）不能見到雄雞，也害怕聽到雞鳴。或許這裡面奧祕很多，但我覺得，倘若早點發現，是可以避免的。受到教育後，我的一些缺點就得到了很好的更正，自然過程很艱難，今天的我，不包括啤酒，吃任何食物都有滋有味。所以，趁著身體沒有完全僵化的時候，應該讓它適應各種不同的環境。但願人們能節制欲望，放心大膽的教育年輕人體驗各

---

347 年柏拉圖去世後，斯珀西波斯成為柏拉圖學院的繼承者。

第九章　論對兒童的教育—致迪安娜 · 居松伯爵夫人

種生活，如果必要的話，哪怕讓他體驗聲色犬馬的生活。要按約定俗成的習慣來培養他。他應該可以勝任任何事，而不應該僅僅做喜歡的事。卡利斯提尼[48]因不屑與君王亞歷山大一起喝酒而失去寵信，對他的這種所作所為，連哲學家也認為有欠缺之處。我們的孩子要和君王一起玩耍嬉鬧，一起花天酒地。我希望即使在享受時，他也要生機勃勃，果敢活潑，比他的同伴更加出色。一旦他停止做壞事，原因不會是他缺乏精力或不拿手，而是自己內心拒絕做。「不願做惡和不會做惡之間有著天淵之別。」

在這裡我要向一位貴族表達崇敬之情。他在法國奉公守法，毫無放浪之態，我曾問他，當他被君主委派前往德國，都知道德國人豪飲成性，他是否曾有因為公務需求而喝得爛醉如泥的時候？他答覆說他順時隨俗，共喝醉過三回，還將每次都詳細做了說明。有些人沒有這種才能，所以跟德國人交流時千辛萬苦。我經常十分敬仰的留意，亞西比德[49]有過人的才幹，能夠既來之則安之，入鄉隨俗，不怕損傷自己的身體：有時奢侈糜爛賽過波斯人，有時克勤克儉堪比斯巴達人；在愛奧尼亞時，他揮金如土，窮奢極欲，在斯巴達時風餐露宿，好像完全變了一個人：

---

48 卡利斯提尼（Callisthenes，西元前 360 ～前 328 年）。古希臘奧林索斯的歷史學家之一，亞里斯多德的親戚。他著有包括聖戰的專題著作、10 卷本的《希臘史》以及《亞歷山大大帝的功績》（均以失傳）。他曾陪伴亞歷山大大帝進行遠征。

49 亞西比德（Alcibiades，西元前 450 ～前 404 年），雅典傑出的政治家、演說家和將軍。

在阿瑞斯提普斯眼中，
任何的穿著、境遇、命運都是美妙的。

—— 賀拉斯

我也想把我的學生培養成這樣，
無論他衣著華麗還是襤褸，舉止都飄逸灑脫，
襤褸時絕不妄自菲薄，
華麗時也能恰如其分，
我會對他由衷欣慰。

—— 賀拉斯

此乃我的逆耳忠言。投身行動的人比誇誇其談的人更能進步。想通了就能聽得進去；聽進去了也就更能想通其中的道理。

柏拉圖的對話中，有人曾說：「希望哲學不是學習諸多知識，不是討論藝術。」

生活的藝術是各門藝術中至關重要的，
學好這門藝術，要憑藉生活而不是埋頭苦讀。

—— 西塞羅

當赫拉克利德斯·彭提烏斯（Heraclides Ponticus）被問到從事什麼專業和藝術，他回答：「我對任意一門專業和藝術都一無所知，可我是一位哲學家。」

有人責備第歐根尼對哲學不懂卻干涉哲學，他說：「不懂才能更好的干涉。」

第九章　論對兒童的教育—致迪安娜·居松伯爵夫人

有人約請第歐根尼為其讀一本書，第歐根尼回答：「您太搞笑了，您選擇無花果，一定會選現實中真實存在的，而不會選擇一幅無花果的圖畫，可您為什麼不解讀書一般的現實，而選一本出版物呢？」

孩子掌握知識，重要的不是嘴裡會說，而是實踐能做。要在實踐中溫習所學的知識。我們將查看他舉止是否謙虛細心，行動是否公平善良，言語是否溫文爾雅和見解獨到，患病時是否堅忍不拔，遊樂時是否有禮，安逸時是否制欲，對珍饈美酒的口味方面是否考究，理財方面是否條理清晰：

把知識作為生活的規則，而不是賣弄的本錢，
善於遵照自己，順從自己的原則。

—— 西塞羅

我們的生活閱歷是我們言行舉止的一面真切可靠的鏡子。

有人被問到，斯巴達人為什麼不把封賞命令白紙黑字寫下來，以供年輕人知道，他答道：「因為斯巴達人想叫年輕人更擅長於實踐，而非誇誇其談。」等我們這個孩子長到十五、六歲，您就將他和學校裡喜歡賣弄拉丁文的學生做個比較：那些學生浪費了同樣多的時光和精力，而只學怎麼講話！世界上到處都是侃侃而談的廢話，我未曾見到有人話說得比本來應該說的要少一點，而我們的半生時光都在說話中似水流逝了。我們被逼著浪費四、五年的時光聽別人唸單字，學著把單字整理成句子；再耗費同等的時光學習怎樣寫大段行文，學習如何把文章平均分解成幾個部分；至少還要花費五年的時間，才能學會

很快的將詞語融合連貫，進行詭辯。這種事，還是交給賴此為專業的人士專門來做吧。

　　有一回，我在奧爾良的克萊里一帶的平原上，偶遇兩個來自藝術院校的學者，兩人前後相隔五十來公尺左右。往他們身後不遠的地方看過去，有一群人走過來，為首的是已經去世的拉羅希福可（La Rochefoucauld）伯爵先生。我的一位侍從走到前面的那位教授面前，打聽他身後的那位紳士是誰，那教授沒有回頭，沒發覺身後除了同伴還有另一群人，詼諧的說：「他不是什麼紳士，他是語言學家，我是邏輯學家。」但是，我們需要培養的，不是什麼語言學家或邏輯學家，而恰恰是一位紳士。讓那些學究在文字裡面浪費自己的青春吧，我們還有要事可做。希望我們的孩子用知識填滿頭腦，這樣語言就會源源不斷，假如語言不想同行，那他就永遠將它們帶在身邊。我經常聽見有人用不善言辭為自己辯解，好像學富五車但只因口才不好，經常詞不達意。這是搪塞之詞而已。您想知道我對此的想法嗎？詞不達意的原因是他們的觀點還沒整理好，還在動搖，腦袋裡的想法都理不出條理，所以也就無法流利說出來了；甚至他們自己都不明白自己想說什麼。有的人說話有點期期艾艾，你就這麼想，他就和生孩子尚未到預產期一樣，還在懷孕階段，觀點尚未成型，所以表達得吞吞吐吐。至於我個人，我始終堅信，蘇格拉底的教誨：倘若思維敏捷，條理清晰，肯定能很好的表達心中所想，即使用貝加莫土話 [50]，就算是啞巴，也能使用臉部表情：

---

50 貝加莫土話，貝加莫是義大利北部城市，當地土話被認為是滑稽可笑的。

第九章　論對兒童的教育—致迪安娜・居松伯爵夫人

討論熟悉的話題，語言一定滔滔不絕。

—— 賀拉斯

　　就像塞內卡在他的散文中極有詩意的描述：「抓住了事物的本質，語言自然脫口而出。」西塞羅說：「事物引出詞語。」我們的孩子沒有必要精通狀語、連詞、名詞，也沒有必要精通語法；他的長隨或者河邊的賣魚老太太對語法一無所知，但是，假如您和他們聊天，他們會談得很精彩，使用語法規範可能非常流暢，能和法國最好的文科高材生相比肩。我們的孩子何必精通修辭，沒有必要學習每篇文章都要僵化的用「致公正的讀者」來開頭，他沒必要了解這些東西。我認為，一切精彩的刻畫，和質樸低調的真實相比，一定相形見絀。

　　工巧的詞彙只能獲得凡夫的欣賞，原因是凡夫不能消化更堅固的食物，就像塔西佗[51]筆下的阿佩爾所證實的那樣。薩莫斯島的使臣朝見斯巴達王克里昂米尼（Cleomenes），演講稿辭藻華麗而篇幅冗長，意思是慫恿斯巴達王對薩莫斯島的獨裁者波利克拉底（Polycrates）發動戰爭。斯巴達王仔細傾聽了使臣的演說，然後答道：「我現在記不住你們演講的開頭了，也忘記了中段的話，僅僅記得結尾，可關於結尾，我一點也沒興趣做。」我覺得他的回答非常漂亮，那幾個口若懸河的使臣非常尷尬，汗顏無地。

---

51 塔西佗（Gaius Cornelius Tacitus，約西元 55 ～約 117 年），羅馬帝國執政官、雄辯家、元老院元老，也是著名的歷史學家與文體家，代表作：《歷史》和《編年史》等。

還有那個著名的故事，雅典人要建一座大型建築物，兩個建築師是候選人。第一個競選時裝腔作勢，一出場就發表了個華麗的演講，把他對此項工程方方面面的思考詳細論述了一番，為的是獲得群眾的支持。可另一個競選人僅說了三句話：「雅典的紳士們，剛才那位說的，就是我將要做的。」

　　西塞羅巧舌如簧，很多人對他十分敬佩，但小加圖卻不屑一顧，他說：「無非是個荒唐的執政官而已。」一個振聾發聵的格言或妙語，不論放到前面還是放到後面，都是合適的。哪怕放到哪個位置都不妥帖，那格言本身就很好了。很多人以為熟悉了格律韻腳，就能寫出好詩，對此我很難同意。若是孩子想把一個短音節加長，隨他的便，我們時間有的是；只要有超乎尋常的思想，有高瞻遠矚的判斷力，我覺得他就是一位傑出的詩人，而非好的韻文作家：

　　他為人高雅，愛好不俗，但寫的詩並不琅琅上口。

—— 賀拉斯

賀拉斯認為，要讓作品抹掉一切的拼湊和韻律：

　　淡化韻律和音步，轉變詞語順序，
　　將首個詞挪到末尾；
　　詩人的肢體就支離破碎了。

—— 賀拉斯

　　他持之以恆，寫出的詩文就會很精彩。米南德[52]應允了一齣喜劇的約稿，但很長時間沒有下筆，交稿的日期日益臨近，大家責備他，他卻說：「我一切都準備好了，就剩往裡面塞進詩句了。」他已心中有數，所以對餘下的細枝末節就輕視了。自從龍沙[53]和杜貝萊讓法國詩享譽世界後，所有孩子學作詩時都學他們那樣的拿腔拿調。「聲音響亮，內容浮泛。」對凡夫俗子而言，現在的詩人如過江之鯽。他們輕而易舉就學會了格律韻腳，但是，在因襲龍沙生動的描述和杜貝萊深刻的思想時，就無所適從了。

　　當然，若是有人用三段論複雜的詭辯手段來荼毒我們的孩子，比方：火腿讓人想喝水，喝了就不渴了，所以，火腿能解渴，這種情況一旦遇到，他該怎麼對付？他可以置若罔聞。這樣做相較任何反擊更有用。

　　他可以引用阿瑞斯提普斯那句反詰詭辯的戲謔；「既然我被綁縛得難受，為什麼不解開繩索呢？」有人提議克律西波斯應該用詭辯來應對克里安西斯，他答道：「你去跟孩子們玩這套花招吧，不要讓成年人的深刻思想誤入歧途。」倘若這種荒唐的詭辯，這種艱深繁瑣、變幻莫測的詭辯，想讓孩子被一個謊言欺騙，那就太危險了；但假如這種詭辯對他沒有效果，只能博他輕蔑的一笑，那我認為完全可以讓他涉及這些東西。

---

52 米南德（Menander，西元前 342～前 291 年），古希臘劇作家，被認為是古希臘新喜劇的代表，其劇本多以愛情故事和家庭生活為主題，塑造出性格豐富的人物形象，提倡人與人之間互相真誠寬容相待的社會道德，代表作：《古怪人》和《公斷》等。

53 龍沙（Ronsard），法國文藝復興時期傑出詩人。

有些人愚昧無知，為了推敲出一個精彩的字眼，就偏離正途很遠。「還有，他們不是讓語句去貼合主旨，而是不著邊際，根據語句去搜尋合適的主旨。」塞內卡說：「有些人為了使用一個自鳴得意的單字，寧可談論他們本不想說的內容。」而我寧可扭曲一個精彩的格言為我所用，也不願改變我的思路去接近那個格言。截然不同的是，文以載道，語句要為主旨服務，貼合主旨，一旦法語中沒有恰如其分的詞句，寧可到加斯科涅方言中去找。我的意思是內容高於一切，別人聽完你說的話，腦海中充滿內容，而不是被詞彙吸引。不管是來自紙面的還是出自嘴裡的，我都喜歡天然去雕飾的語言，短小精悍，回味無窮，而不是苦心孤詣，艱深晦澀：

> 只有能讓人震撼的文體才是最好的文體。

> —— 盧卡努斯

這樣的語言可能難以理解，但並不乏味，不刻意呆板、凌亂無序、沒有邏輯和裝模作樣；每個字都真真切切；那絕非學究的教條、僧侶的經文、律師的訟狀，而是士兵的語言，正如蘇埃托尼烏斯[54]稱尤利烏斯‧凱撒的語言是士兵的語言一樣，即使我並不了解他所指為何意。

我曾經很熟練的效仿過年輕人穿衣打扮的放蕩不羈：斜披著大衣，披風擱在一邊肩頭，一隻襪子拖拖拉拉的，這種異域風情表達了一種眼空四海、無所用心的藝術感覺。但我認為這

---

54 蘇埃托尼烏斯（Gaius Suetonius Tranquillus，約西元 69 或 75 ～ 130 年），羅馬帝國時期歷史學家，屬於騎士階級。

第九章　論對兒童的教育—致迪安娜・居松伯爵夫人

種風采應用到語言模式上會獲得更適當的效果。關於佞臣，一切的做作矯情都是不招人待見的，大家都喜歡無憂無慮、無拘無束。可是在一個君主制的國家裡，每一個隨從都是按照佞臣的方式來練習一言一行、一舉一動的。所以，我們略微自然一點，藐視做作矯情，是完全正確的。

我絲毫不喜歡布上的絲線和線頭那麼清晰可見，就像一個美麗的軀體不應該看得出筋骨和血管。「真話應該直截了當，絕不做作。」

「只有想裝模作勢，要不誰會如履薄冰一樣的說話？」

我們會被雄辯術迷惑，但卻對事物沒有任何好處。

用沒有任何價值的怪異打扮來吸引大家的眼光，這是怯懦的表現；一樣的道理，醉心於標新立異的詞句和邊邊角角的詞彙，也是來自於一種稚嫩而腐朽的奢念。希望我只使用巴黎菜市場上的語言就夠了。語言學家阿里斯托芬（Aristophanes）就不善於這種門道，他效仿伊壁鳩魯的言簡意賅，認可雄辯術僅僅是因為語言更簡明。效仿語言很簡單，所以民眾會緊隨其後；效仿判斷和創新，就絕非易事了。大部分讀者會因為穿了一個款式的長袍，就誤以為擁有了一樣的身材。

內涵和精氣神是無法借用的，外套和首飾才能互相借用。

在我的眾多朋友中，多數人的語言如同我的隨筆，但我不了解他們的思想是否也和我一樣。

雅典人（柏拉圖這樣認定）側重語言的典雅和表達力的充沛，斯巴達人則注重言簡意賅，克里特人相比語言更重視觀點

的充分與否，克里特人相比是最好的。芝諾說他的弟子分兩類，一類被他稱為語史學家，側重學習知識，這是他最認可的；另一類是喜好華麗詞彙，他們重視的是語言。這不是說口才出眾不是好事，只是沒有實做更好。我惱恨的是我們的一輩子的時光都耗費在學習說話上了。我首先想熟練掌握母語，還有我時常交流的鄰邦的語言。希臘語和拉丁語毋庸置疑是精彩和崇高的語言，但學習起來有些吃力。我下面著重闡述一種方式，比慣用的做法更直截了當，來自我的人生經歷，切身感受。有興趣可以嘗試。

已去世的家父曾付出極大心血進行各種嘗試，從機敏和淵博的人中，探索一種卓爾不群的教學方法，他發現了常見的教學缺陷：他被告知，古羅馬和古希臘人輕而易舉就能學會的拉丁語和希臘語，我們現代人學起來非常吃力，這是我們難以企及先賢那樣崇高心靈和廣博學識的唯一原因。我對此不以為然。不管多難，先父還是想出了對策：我還在襁褓中，還未牙牙學語，他就把我託付給了一位不通法語、卻能流利掌握拉丁語的德國人。此人後來成了遠近馳名的大夫，在法國客居直至去世。我父親專門高薪延請此人來到我家終日抱著我。另聘兩位學問稍遜的學者和他一起工作，每天從早到晚看著我，好分擔一點那位德國人的壓力。他們每天只用拉丁語和我交流。至於家庭其他成員，訂了一個不能違抗的家規：我的父母雙親、家奴婢女，在我身邊時，盡可能使用他們新學會的拉丁語和我交流。這個做法獲得了令人驚嘆的成就，每人均獲益良多。我父母學會了常用的拉丁語，能夠聽懂，甚至還可以和別人閒

談，而我的幾個侍從也一樣。就這樣，家庭之間日常用拉丁語交流，並且波及到了毗鄰的村子，甚至一些小手藝人和用具的拉丁語叫法在那裡傳開了，時至今日還在使用。對於我，直到六歲，很少聽到法語或佩里戈爾方言，甚至不會多過阿拉伯語。所以，不用刻意的教導，不用書本，不用專門傳授語法或章程，也沒有教鞭，沒有痛哭流淚，我耳濡目染的就掌握了拉丁語，而且和我學校教師的拉丁語一樣的純正，因為我很難將拉丁語與別的語言摻雜起來，也很難說得走樣。倘若老師想按中學普遍的教學方法，嘗試著讓同學們把母語翻譯為拉丁語，給別的同學的是法文，給我的卻是用糟糕的拉丁語寫就的文章，我很快就能把它更正為純正的拉丁語。我的家庭老師，他們經常和我說，我童年時講拉丁語就十分流暢自然，甚至他們和我交流都不敢用拉丁語。布坎南（Buchanan）後來扈從現已去世的布里薩克（Brissac）元帥，我面見他的時候，他和我說，如果他今後寫孩子的教育問題的文章，一定會用我作範例。那時，他是布里薩克伯爵的家庭老師，這位伯爵性格英勇剛毅，最後犧牲於疆場。

　　說到希臘語，我簡直一竅不通。父親決心採用人為的方式教導我學習希臘語，但實施的是一條全新的道路，將教育融匯於玩耍和訓練之中。我們將一個詞的變格當作球一樣拋來拋去，如同一些人採用下棋的方式來訓練數學和幾何。因為有人勸導我父親，不能用強逼的手段來教導我學習知識和體驗義務，得先培養我自我的學習欲望，要在春風潤物和悠然自得中塑造我的心靈，而不能採用冷酷和桎梏的手段。有些人覺得，

清晨將熟睡中的孩子粗魯的驟然吵醒（孩子的睡眠比我們要香），會侵擾孩子稚嫩的腦子，我父親對這個說法深信不疑，每天清晨用平和的樂器將我喚醒，我的床頭從沒有缺少過為我彈奏的樂手。

透過這一範例就能斷定今後的成就，並且必須對我的這位好父親的審慎嚴謹和舐犢之情給出高度的肯定；倘若說付出了這麼認真精細的耕種，但缺乏與之相稱的收穫，那就絕非他的過失了。造成達不到預期成果的原因無非兩個。一是土地瘠薄和缺乏天賦。即使我身體健壯，可我性格溫柔平和，總是打不起精神，力不從心，大家不能讓我脫離百無聊賴的形態，除了讓我去玩。我領悟的東西，總是領悟得極好；有著這樣慵懶的個性，我萌發出超越年齡的大膽設想。我的思想進步很慢，只是隨著別人的指點前行；我的領悟力緩慢從容；創造力沒有新意；還有，我的記憶力之差令人嘆為觀止。所以，我父親沒能收穫一點有價值的成績，也就可以理解了。第二個原因是，我父親十分害怕他夢寐以求的事前功盡棄，他就像慌不擇路一樣，最終也順從流俗，學那些笨蛋的方式，當那些從義大利請回來的啟蒙教育者們從他身邊離去以後，他就逐漸屈服於大眾風俗，在我六歲的時候將我送到居耶納中學[55]。這所學校當時如日中天，是法國最好的中學。在那裡，他動用關係給了我特別的關照，為我挑選了充足的輔導教師，對我各個方面的教育都格外關切，一些違反學校校規的特殊關照，也為我個人單獨保留。但這裡終歸是學校。我的拉丁語能力日漸衰退，由於喪

---

55 居耶納中學，始建於西元 1533 年，校內的教師學識淵博，寬厚包容。

第九章　論對兒童的教育—致迪安娜 · 居松伯爵夫人

失了說的環境，我也就放棄它了。我童年受到的這種全新的教育方式，只幫了我一次忙：我入學直接來到高級班，當我十三歲中學畢業時，我已完結了我的所有學業（大家叫它為學業），可實際上，那些學業對今天的我沒有任何用處。我首次對書籍有興趣，是奧維德所著《變化》。那時我也就七、八歲，我暫時拋開了其他所有樂趣，沉醉在這本書的世界裡；而且拉丁語是我實際意義上的母語，還有，這本書是我所知的最通俗易懂的，內容來說，也是最吸引我這個年齡的孩子了。別的孩子讀那些亂七八糟的書讀得津津有味，比方《湖中的朗斯洛》、《阿瑪迪斯》、《波爾多的于翁》，我對它們的書名一無所知，更不用談內容了，我選擇書籍是非常嚴格的。閱讀完了奧維德的著作，我很難投入其他預定的學業，上課更顯得萎靡不振。幸運的是，我湊巧碰到了一位開放曠達的輔導老師，他遇事變通，對我的這種逾矩行動以及其他相似的事一向網開一面。我接著又馬不停蹄的讀了維吉爾的《埃涅阿斯記》，還有泰倫提烏斯（Terentius）、普勞圖斯（Plautus）還有義大利的喜劇，我完全沉浸在優美動聽的內容裡。倘若那位老師循規蹈矩，阻止我看這些書，我會覺得學校給予我的應該僅剩下對書本的厭惡了，就像我們的貴族子弟通常所處的境遇。他偽裝得很高明，當作什麼都沒看見，以便我暗中饕餮的讀著這些書，這樣就更加激發了我讀書的強烈意願，而對於其他預定的學業，他一向和藹的教導我完成。我父親為我挑選家庭老師時，更看重那些人謙虛敦厚的品行，所以，我的缺點也就是懶散懈怠。危險的不是我為非作歹，而是一事無成。沒有人預見我會作惡，而是預見我

碌碌無為，不是預見我虛偽狡詐，而是預見我不務正業。

我的經歷恰如長輩所預言的。我耳朵裡總是聽到這樣的抱怨：「一事無成；對親友袖手旁觀，對公務不聞不問；太特殊。」最不公允的人不是說：「為何是他拿了？為何他沒付錢？」而是說：「為何他不減免債務？為何他不賜予？」

人們要求我如此這般無私的奉獻，這我同意。但是，他們命令我做不應該做的，卻不強迫自己做應該做的，這就不太公平了。當我為別人奉獻時，那是我願意這麼做；我天生不喜歡被迫做善事，因此我如此做更應該受到表揚。我為什麼要捨棄我的權益或債權？越是我個人的財產，我越要自我掌控。但是，若是我很想讓自己的行為精益求精，或許我會強有力的駁斥他們的無端責備，我會當著一些人說，我對你們的得罪還遠遠不夠，我還能夠冒犯得更多一些。

然而，與此同時，我的內心依然潔身自好，圍著它所明確了解的事物，會產生頑強的激動和公正而直率的見解，心靈孤獨的將它們吸收，不與其他人溝通。並且，我對自己心靈的堅韌深信不疑，它萬不會屈服於淫威和壓迫。

我在努力扮演著屬於我的各種角色時，是否可以炫耀一下我自小就有的本事：自信的表情，琅琅的語音和機敏的舉止？畢竟年齡尚幼，剛剛十二歲，我就參加了布坎南、格朗特和米雷等大家的拉丁語悲劇，並飾演主角。那些喜劇曾經上演於居耶納中學。在這方面，校長無以倫比，稱得上是法國最傑出的中學校長，就像他在履行職務的其他方面所展現的卓越才幹一樣。我被當作精通此業的內行人。我很提倡貴族子弟演出戲

劇，他們將此當作一種娛樂。我發現我們的君主也效法先賢，沉浸其中，這種行為值得稱頌。

在希臘，地位崇高的人也被允許稱為專業演員：「他（謀反羅馬的安德拉內多爾）向悲劇演員亞里斯頓洩露了圖謀。後者貴族出身，家資優渥，他的演員身分對他沒有絲毫影響，因為演員在希臘是很正當的職業。」

我一直覺得，嘲諷以演戲為職業的行為是非常沒有禮貌的，禁止才華出眾的演員來到我們的城市，褫奪人民公共娛樂的權利，這種決策是非常糟糕的。出色的管理不但要允許把公民召集起來舉行莊重的活動，同時也要參與娛樂活動，如此才能密切人際之間的溝通和友情。其次，沒有什麼娛樂活動，能比全民參與，乃至行政長官從旁看管的消遣更規範了。我覺得，行政長官和君主時常自己出資與萬民同樂是非常英明的做法，這表明了愛民如子和寬廣胸懷。在人口密集的城市，應該具備專供演出戲劇的大眾舞臺，還可以存在一些更壞的隱祕的歡娛活動。

閒話少說，回歸主題。只有如此，才能充分促進孩子們閱讀的渴望和熱忱，要不，教育出來的無非是背著課本的笨蛋，鞭笞才能讓他們保管好裝滿知識的皮囊。知識必須和我們融為一體，而不單單是我們的租客，這才是正確無誤的方式。

第十章
以自己的水準來斷定正誤
是荒唐的

第十章　以自己的水準來斷定正誤是荒唐的

　　人們認為見異思遷和缺乏主見的原因是單純和糊塗，這或許有些道理。以前我好像聽到一種說法，「確信」就像在我們內心上烙下的一種痕跡，越是怯弱和難以抵擋，就越能烙下痕跡。「就像天平哪一端加了砝碼，就會傾向哪一端，思想一定會偏向顯露出的事實。」內心空空如也，不存在平衡的砝碼，就能輕而易舉的相信，都不用再強調一遍，思想就有了明顯的傾向。這就是為何孩子、女人、凡夫俗子和病患相比別人更加沒有主見。可是，另外的角度，把我們覺得不像是事實的事物，就認為是荒謬的，橫加指責，不屑一顧，也是愚昧的盲目自信，這是驕傲自大者的普遍毛病，其中包括從前的我。當我聽到議論鬼魂作祟、占卜問卦、巫蠱神術，或說了一件我聞所未聞的事：

> 夢境、妖術、奇觀、女巫，
> 暗夜的精靈，色薩利[56]的奇談。

—— 賀拉斯

　　我就由衷感到輕信這些荒誕不經的事，是多麼的可憐，值得同情。但現在，我認為那時候的我也同樣是可悲的，不是由於從那以後，我的親身經歷否定了我最初的觀點（這不關係我的獵奇心），而是理智告訴我，倘若冒昧的譴責一件事是虛幻的，是不合現實的，那麼，我們的母親 —— 大自然的意志和能量在我們心中就有了局限性。世界上的愚蠢行為，最大的就是以我們自我的水準來預測大自然的意志和能量。倘若把我們

---

56 色薩利，希臘北部地方，環境閉塞，遠離希臘社會生活的主流。

無法置信的事就叫作妖怪或奇觀，那麼，世界上的妖怪或奇觀就太多了。我們可以設想，我們認知、理解所能接觸的大多數事物，要穿越多少障礙，耗費多少探索！結果我們會明白，我們之所以看透了事物身上的謎團，與其認為是科學，還不如認為是習慣。

現在人們司空見慣，
沒有人再因他頭頂上有耀眼的宮殿而驚奇。

—— 盧克萊修

但是這些事物，一旦重新在我們眼前出現，我們仍會感到它們一樣的不可思議，甚至更加難以理解，

一旦有一天，它們向民眾呈現，

驀然出現，就在眼前，
就會成為最妙不可言，最神乎其神的東西。

—— 盧克萊修

連河都沒見過的人，初次見到河，會誤認作海洋。我們經常把一類物品中，自己見過最大的，一口咬定是世界上最大的，

所以，一條小河即使尋常，
未見過更大的河，難免視它如滄海。

萬事萬物亦復如是。不論什麼種類，我們見過較大的，就

第十章　以自己的水準來斷定正誤是荒唐的

誤以為是最大的。

—— 盧克萊修

「見慣的事物，我們會認為它不足為奇；尋常的物體，我們不會驚異，不會想著盤根問底。」

激發我們盤根問底好奇心的，認為是事物大小如何，還不如說是事物新奇與否。

對於大自然的無窮威力，要由衷崇拜，對於人類的愚昧和缺陷，要深刻理解。很多事好像不可思議，卻被眾多證據所驗證；哪怕我們很難輕易的深信不疑，但最起碼不要過早的下定論；假如咬定它們絕對不可能，也就同時暴露了自己意識上的局限性，這就是固執己見，眼空四海。倘若我們意識到不可能和很稀奇、違反客觀規律和違反通常認知之間不能劃等號，不盲目輕信，也不堅持不信，也就遵照了奇隆[57]的「做任何事也不過頭」的準則。

閱讀傅華薩[58]的《聞見錄》，我們會注意到，卡斯提亞國王在朱貝羅特慘敗，第二天消息就傳到了駐守貝阿爾的伯爵耳朵裡，但他得知消息的方式，雖然作者談及，但我們卻一帶而過。可能這些證人威信不夠，不值得我們的信任。倘若普魯塔克不僅引證古代一些歷史外，還很自信的宣稱，在圖密善[59]

---

57 奇隆，古希臘七賢之一。

58 傅華薩（Jean Froissart，約西元 1337 ～ 1405 年），中世紀的法國作家。作品既包括短抒情詩，也有較長的敘事詩。

59 圖密善（Domitian，西元 51 ～ 96 年），繼承父親維斯帕先（Vespasian）與兄長提圖斯（Titus）的帝位，為弗拉維王朝的最後一位羅馬皇帝。

君臨時期，安東尼烏斯[60]在德國慘敗的軍情當天就傳得沸沸揚揚，可羅馬數日後才頒布；如果凱撒認為流言經常散布在事件發生以前，那麼，我們很可能就會認為這些人思想單純，和普通百姓一樣受人矇騙，不如我們明察秋毫。老普林尼[61]多謀善斷、頭腦敏銳，簡直超群絕倫，他對一件事下判斷時，是最實事求是的。姑且不論他知識淵博，我對這些說得很少：不論判斷力還是知識，我們誰能及得上他？但是，任何一個學生都能夠證明他撒謊了，都有替他講講博物史的衝動。

對自己不理解的事不屑一顧，不但愚蠢和草率，甚至會帶來不測和難料的後果。你依照自我出色的判斷水準，分辨出了真相和謊話，但有時，你肯定會相信一些事，而這些事比你不相信的那些事還要匪夷所思，如此一來，你就已經無形中放棄了你設立的真假的邊界。一些人在向敵人妥協、捨棄一些有爭議的規則時，有意做出很謙和、很在行的模樣。但卻不知道，面對衝上來的敵人，任何撤退，都會有利於敵人，他們會貪得無厭，步步為營，何況，他們認定輕如鴻毛，所以選擇妥協的規則很可能事關重大。要麼全部遵守，要麼乾脆放棄。我這絕非無稽之談，我是有親身體會的。可以靜下心來想一想，我們自己的觀點時常會自相矛盾？很多昨天被視作人生的準則，今天就改頭換面，變成謊言？虛榮心和獵奇心是我們思想的兩大

60 安東尼烏斯（Antonius），日耳曼總督，反對圖密善而叛亂，但最後被鎮壓。

61 老普林尼（Gaius Plinius Secundus），古羅馬著名作家，代表作《博物志》37 卷。

第十章 以自己的水準來斷定正誤是荒唐的

　　危害。獵奇心誘使我們到處插手，虛榮心則要求我們必須解決所有的疑難。

第十一章
論友情

第十一章　論友情

　　我在飽覽一名畫家朋友替我畫畫的手法時，萌生了效法的念頭。他選定牆壁最中心亦即最顯眼的位置，拿出全部才華，投入全部精力畫了一幅油畫，然後將周圍的地方堆砌塗鴉一樣的裝飾畫，這些裝飾畫看上去變化多端，新鮮奇特。我寫的這些散文算什麼呢？和塗鴉一樣的裝飾畫沒有什麼區別，怪異的身軀，拼湊不同的四肢，面貌不固定，順序、銜接和比例都是信手拈來的。

　　一個美人魚的身軀。

—— 賀拉斯

　　我和畫家朋友對待第二部分的態度很類似，但對待首要部分，我還有很多不足，可能我水準不夠，描摹不出精彩、典雅的藝術圖畫。我曾想借用拉博埃西的思想，這樣我文中的其他內容也能增色不少。那是一篇論文，拉博埃西起了名字：〈甘願受奴役〉，但後來有人由於不了解作者的命名，而另起新的標題：〈反獨夫〉。那時侯，拉博埃西年少有為，將這篇論文寫成評論，弘揚自由，鞭撻獨裁。自此，這篇評論被很多睿智的人爭相傳閱並極得推許，因為這無疑是一篇很傑出很系統的文章。我們甚至可以說這是他最好的作品；但是，倘若在我結識他以後，他能像我一樣有意寫出自己想說的話，那樣，我們就能夠看到更多堪與先賢經典相比肩的大作了，因為在這方面他的能力卓犖不羈，在我認識的所有人中，沒有誰能與他相比。遺憾的是，他身後流傳的，也僅僅這篇論文了，而且還是無意中留下的，我覺得論文脫手以後，他沒有再見過它；還有幾篇

描寫國內戰爭的論文，大概會出版。他遺贈給我很珍貴的紀念品，這些是我從中能夠回收的所有東西了。他在生命垂危之時留下遺言，滿含愛心的將全部藏書和文稿留給了我。另外，我還獲贈了他的論文集，是我託人將它們付梓出版了。但是，我要萬分感激〈甘願受奴役〉；幸虧有它，我和拉博埃西才開始了第一次來往。我在結識他之前，早已閱讀過了，而且首次聽到了作者的大名，自此，我和拉博埃西的友誼開始了。既然這是上天的恩賜，我們就全心全意呵護著我們之間的友誼，使之如白玉無瑕。我敢斷言，這樣的友情是很難得的，在之前歷史中是沒有先例的。這要無數次溝通交流才能培養起來呀！三百年裡能有一次就算是人生大幸了。

我們交朋友的熱忱無以倫比，這歸功於我們的天性。亞里斯多德認為，優秀的立法者對公平遠沒有對友誼更熱心。但是，我和拉博埃西擁有的是完美無缺的友誼，畢竟友誼各式各樣，一般靠熱情或利益、民眾需求或個人需求來確立和維護；友誼越是夾雜自身以外的其他因素、圖謀和好處，就越不單純美好，就越偏離友誼本身。

從古至今，友誼可分為四種：親緣的、交際的、招待的和異性情愛的，不論它們是單獨出現還是互相結合，都偏離了我所說的友誼。

子女對父親的感情，更多的是一種尊敬。友誼離不開溝通，父子之間做不到平等相處，很難有這種對等的交流，友誼反而會妨礙父子間的自然而然的責任。父親有不能讓孩子知道的祕密，顧慮孩子對父親太過隨意而失去應有的規矩；孩子也

第十一章　論友情

很難向父親提出不滿，面議父親的過失，而這卻是友誼至關重要的責任。以前，在很多地區，按照風俗子要弒父，在另一些國度裡，卻是父須殺子：這都是掃除障礙的需求，可見，一方的生存意味著另一方的消亡。古代許多哲人就對這種天生的親情不屑一顧。阿瑞斯提普斯就這麼認為：當被質問是否因愛子才生子，他冷漠的回答，若懷的是蝨子或蟲子，他同樣會生下牠們。還有一個例證，談到兄弟之誼，普魯塔克說到：「即使我們是一母同胞，但我卻毫不在意。」事實上，兄弟這個名詞充滿著純真及憐愛，我和拉博埃西的友情算得上是同胞之誼。但是，財富的集中和分散，一個人的闊綽使另一個人赤貧，這些都會很大程度的減弱和消弭這種同胞之誼。兄弟們狹路相逢和同個飯碗謀食，不可避免會常常牴牾。但是，那種純真和完美友誼的關係，兄弟之間又為何會產生呢？父子的性格可能大相徑庭，兄弟之間也是同樣的道理。這是我的兒子，這是我的父親，可他乖戾歹毒，他是個壞人或笨蛋。何況，越是天然規矩和責任硬塞給我們的友誼，我們的個人意願就越少。個人意願萌發的是友善和情誼，沒有別的什麼東西。在這方面我的體會尤深，即使我曾擁有天下最好最寬厚的父親，他全始全終，直到嚥下最後一口氣；

> 我的家庭以父子情深遠近馳名，在兄友弟恭方面也稱得上是楷模，
> 我如慈父一般的疼愛弟弟，獲得了交口稱讚。

—— 賀拉斯

將愛情和友誼兩者做對比，即使愛情發自我們個人意願，但也無法提高到友誼的高度。我認可，愛情火焰更靈動，更猛烈，更熾熱，

由於愛神看透了我們，
把甜美的哀愁混入了她操勞的事情裡。

—— 卡圖斯

可是愛情是一種見異思遷、無可捉摸的感情，它熾熱魯莽，起起伏伏，時冷時熱，將我們玩弄於股掌之上。相對而言，友情是一種普及和尋常的熱情，它溫和妥當，平靜沉穩，歷久彌新，它快樂而雅致，不會帶給人們悲情和哀愁。再說了，愛情僅僅是一種狂熱的情欲，越是逃避的東西越是強求：

就像獵手搜捕野兔，
不論冰雪或炎夏，
哪管崇山和深淵，
只為捕捉逃跑的獵物，
一旦到手就再不珍惜。

—— 阿里奧斯托（Ludovico Ariosto）

愛情只要進入友情的階段，意思是說，進入兩情相悅的階段，它就自然衰退和消散。愛情是以身軀獲得快感為目標，一旦擁有了，就消失不見了。友情恰恰不同，越被期望，就越被享受，友情會在擁有之後繼續提高、增多和興盛，因為它是精神世界的，內心會隨之更純淨。在如此美好的友情下面，我也

第十一章　論友情

曾經經歷過輕浮的愛情，我想避免繼續深入這個話題，上面的詩句已經將愛情說透了。所以，這兩種感情都曾經在我身上停留過，它們相互識別，但從不攀比；友誼鍥而不捨的走它的路，它在高空盤旋，威風凜凜，不屑的睥睨著愛情在它腳下頑強走著自己的路。

關於婚姻，那只是一場買賣，僅僅投入是隨便自己的（它的期限是不由自己決定的，不決定於我們的個人意志），向來是因為其他的意圖才進行這場買賣的，除此以外，還要解決無數種無關係的繁雜糾紛，它們能夠造成關係破碎和干擾激烈的情感。但友情僅僅出自它自身，不牽涉其他買賣。何況，實說實說，女人通常難以滿足於這種聖潔的關係，她們的心靈也缺乏堅韌，難以忍受這種把人長久羈絆的密切關係。倘若情況不是這樣，倘若能夠塑造一種心甘情願和無拘無束的關係，不但靈魂可以彼此全部擁有，並且軀體也投入到這種結合，男人全心全意的投入，如此一來，可以斷言，友誼會由此而更充實，更完美。令人悵然的是，沒有能夠證實女人可以辦到這點的先例。古代不同的哲學流派普遍認為，女人是無法融入進友誼之中的。

希臘人另一種放浪的愛情形式毋庸置疑的被我們的風俗所不齒。但是，那種愛情形式也不貼近我們這裡所提出的完善和對等的結合，因為通常情人間的年紀和身分一定天差地別：「這種友情一樣的愛情到底是什麼？為什麼有人不愛膚淺的青年，也不愛風神雋永的老翁？」柏拉圖學院對它形容，並非如我所認為的那樣否定這點。他們的意思，維納斯的兒子在情人

心中激發起對年輕翩翩少年的第一次陶醉，只是以身軀的偽裝
——迷人的外貌為根基的；他們認可這種瘋狂的沉醉而無所
顧忌，就像無法自拔的欲望會萌發的那樣。對翩翩少年的第一
次陶醉不會是以精神為根基的；精神戀情剛剛萌發，尚未完全
顯現。倘若一個內心醜陋的人迷戀上一位年輕人，那他追求的
方法無非金錢、禮品、高位厚祿，還有其他各種便宜的商品，
這才是柏拉圖派哲人們痛心疾首的。倘若是一位品性高潔的
人，採取的方式也是高雅的：教導對方哲學，教導他遵照法
律、為了家國事業而犧牲，這些都是勇敢，小心、公平的重要
表現；追求者要努力做到品質高潔、心靈崇高，就更容易被接
受，畢竟他的體貌早已不復光鮮，他渴望利用這種精神的溝通
塑造一種更結實更良久的關係。當追求修成正果，被追求者就
希望透過內心的崇高設想出一種精神的東西（柏拉圖派並不苛
求追求者表現得從容不迫，謹言慎行，卻要求被追求者做到這
些，因為被追求者要斷定一種心靈的美，鑑識和覺察是極其困
難的）。被追求者在下決心時，首先要注重心靈美，而肉體的
美是附庸和不起決定作用的；這和追求者的標準截然相反。所
以，柏拉圖派更偏愛被追求者，而且證明奧林匹斯諸神也偏心
被追求者。他們口誅筆伐詩人埃斯庫羅斯（Aischulos），認為在
阿基里斯[62]和帕特羅克洛斯[63]的愛情中，年少有為、朝氣蓬勃的
最驍勇的希臘人阿基里斯不該是追求者的角色。精神的整齊劃

---

62 阿基里斯（Achilles），希臘神話著名英雄。

63 帕特羅克洛斯（Patroclus），阿基里斯摯友，因身穿阿基里斯盔甲而被敵人
　誤殺，阿基里斯為其報了仇。

第十一章　論友情

一是愛情最關鍵最有威嚴的部分，柏拉圖派哲人覺得，精神整齊劃一發展的結果對於個人，對於國家都大有裨益；這種精神的整齊劃一，彰顯國家的實力，是公平和自由的關鍵維護者。哈爾摩狄奧斯和阿里斯托革頓[64] 兩人純潔的愛情就是示例。但是，柏拉圖派認為精神的整齊劃一是聖潔和登峰造極的。他們認為，它的對手是獨夫民賊的殘暴和民眾的妥協。歸根到底，柏拉圖哲學的愛情觀可以歸納為：愛情的結果在友誼中存在。這一觀念，和斯多葛派關於愛情的觀點所見略同：「愛情屬於一種贏得友情的試探，當某人迷人的外貌讓我們沉迷時，我們就渴望獲得他的友情。」

回到我對友情的描述上，這次更公允：「要等到性格沉穩、真正成熟時，才能對友情做出完美的論斷。」

另外，我們平時所說的朋友和友情，僅僅指由於心意相連的機會所造成的密切溝通和緊密關係。而我所說的友誼，心有靈犀，互相契合，並且契合得渾然一體，無隙可乘。倘有人詰問我喜歡他的原因，我會很難說清楚，只能回答：「只因是他，只因是我。」

除了我可以言明的道理以外，還有一種玄之又玄和冥冥緣分的力量將我和拉博埃西緊密相連在一起。在第一次見面以前，就久聞對方的大名，我們就開始了互相尋找，就難以言表的相互建立了好感。大概是天命難違吧。僅僅用名字我們就互相引為朋友了。一次巧合，我們都應邀出席了某次政府的重大

---

64 哈爾摩狄奧斯和阿里斯托革頓，兩人一同密謀反對雅典暴君，同遭被捕殺害。

節日，席間我倆第一次碰面，一見傾心，視為知音，從那天以後，我們的心真正的走到一起了。拉博埃西一首發表的優秀的詩，是用拉丁語寫就的，在詩中，他重點闡明了我們之間的友情，解釋了為什麼能夠迅速升溫至完美的程度。我們見面時都已成年，他比我年長幾歲，我們的友情開始得已經比較遲了，不能再來日方長的耽誤了，所以，必須避免拖泥帶水，循序漸進，消耗精力，必須避免如普通人那樣，互相試探，先要展開長時間的交流。我們的友情與眾不同，沒有前例可供參考。這絕非一個、兩個、三個、四個、成百上千的獨特的因素，而是全部因素融會貫通的一種難以言表的精華，它緊緊抓住了我的全部精神，將我的精神水乳交融至他的精神中；它也抓住了拉博埃西的全部精神，將他的精神水乳交融至我的精神中，孜孜不倦，心有靈犀。我說水乳交融，可是不容置疑的，我們所有獨有的東西都消失了，再也分不出哪些是他的哪些是我的。

　　羅馬執政官們審判提比略·格拉古[65]後，大肆株連，逮捕了其大量親友，其中包括他的摯友布洛修斯（Blossius）。萊利烏斯[66]在羅馬執政官面前，問布洛修斯願為格拉古做哪些事，後者答道：「所有」。萊利烏斯又問：「什麼？所有？如果他讓你放把火燒掉神殿呢？」布洛修斯駁斥說：「他從沒下過這種指令。」萊利烏斯又問：「如果他真的下這種指令呢？」 布洛

---

65 提比略·格拉古（Tiberius Gracchus，西元前 168～前 133 年），古羅馬政治家，平民派領袖。常與其弟蓋約·格拉古合稱為格拉古兄弟。作為平民保民官，他發起了一場旨在將貴族及大地主多得的地產分給平民的改革。
66 萊利烏斯，古羅馬政治家。

第十一章　論友情

修斯回答道：「我無條件服從。」史書評論，若他算得上是格拉古的摯友，他完全沒必要用這種聳人聽聞的回答來惹怒執政官，應該堅持認定格拉古不會下這種命令。但是，譴責這種回答極具蠱惑性的人，難以知曉個中玄妙，也很難理所當然的認為自己更明白格拉古的意志，他倆的友情是一種力量，也是心意相通的。他們是真正意義的摯友，而非普通意義上的兄弟，絕非親善或者仇恨國家，絕非唯恐天下不亂的朋友。他們無比信賴，相互敬仰。你可以用品行和理智來嘗試駕馭這種惺惺相惜的鞍轡（如果不然，就無法控制絲韁），你就能體會布洛修斯如此回答是合情合理的。倘若他們的步調不一致，那麼，不論按照我的準則，還是按照他們的準則，他們就稱不上是朋友了。何況，換作是我，回答也會一模一樣。假如有人問我：「如果您的精神下令您殺死親生女兒，您會下手嗎？」我會回答是的，因為即使這麼回答，也不說明我會真的下手，我對我的精神深信不疑，也對一個真正朋友的精神言聽計從。我對我朋友的精神和觀點是毫不懷疑的，人間一切理由都無法動搖我這個信仰。我朋友的舉動，不論做出了什麼不可思議的事，我都能馬上找出它們的意圖。我們的內心志同道合，無比信賴，我們的感情已經深入骨髓，所以，我明白他的心靈就像明白我自己的心靈一樣，不但如此，並且，我對他的信賴勝過對我自身的信賴。

　　請莫把普通的友情和我所談的友情等量齊觀。和大家一樣，我也有過這種普通的友情，並且是最盡善盡美的，但我勸大家千萬分清標準，要不就會出錯。在普通的友情裡，前行時

要緊握韁繩，如履薄冰，謹小慎微，時刻都要預防決裂。奇隆說過「深愛他時要隨時想到將來某一天要憎恨他；憎恨他時要隨時想著將來有一天會深愛他。」這一格言，對於我談的那種登峰造極的友情來說，是非常可恨的，但對於尋常的友情，卻是逆耳箴言。亞里斯多德有句金玉良言用在普通朋友這裡非常恰當：「啊，我的朋友遍天下，可缺少一個真正的朋友！」

　　利益和服務能夠滋生其他種類的友情，可對於我所談論的至高無上的友情，這都不值一提，因為我倆的精神已是渾然一體。有必要，我也會求助朋友，但不論斯多葛派怎樣說，我們雙方的友情絕對不會由此而增多，我也從不由於朋友的幫忙而暗自欣慰。所以，這種朋友的結合，才是無懈可擊的結合，他們徹底忘掉了義務的存在，對於那種能引起爭議和不和的字眼，如好處、義務、感恩、懇求、道謝等，他們特別厭惡，並且將它們從友情裡面趕出去。其實，他們兩者的所有 —— 希望、想法、觀點、財富、婦女、孩子、榮耀和性命 —— 都是共用的，他們的合二為一，按照亞里斯多德的精確定義，是兩個身體共用一個靈魂，所以，他們無法饋贈或賦予對方什麼東西的。正因如此，為了讓婚姻和這一聖潔的友情有零星幻想的相似，一般法律不准夫妻之間訂立贈與的文書，意義就是由此推論，所有的一切均是夫妻雙方共有的，不存在單獨分開的東西。在我所說的友情中，倘若一方能夠饋贈另一方，那麼，接受贈予的一方就是給了對方恩賜。由於雙方都一心為對方著想，這願望是無比強烈的，如此一來，提出做好事契機的人便是開朗闊達的人，贊同朋友對其做想做的事情，等於向朋友施

恩。哲人第歐根尼拮据時，他從不說向朋友借錢，而說向朋友
討還欠款。為了驗證這是事實，我要舉一個從前的非常傳奇的
案例。

　　科林斯人歐達米達斯一生有兩個摯友，分別是西錫安人卡
里塞努斯和科林斯人阿雷特斯。歐達米達斯窮困而死，但他的
兩個摯友卻非常富足，他死前訂下遺囑：「我將老母親生前贍
養和死後殯葬的義務遺贈給阿雷特斯，將我女兒的終身大事遺
贈給卡里塞努斯，讓他盡心竭力的為我女兒配送一份豐厚的
妝奩。他們中倘有一人故去，尚在人世的另一人接續所有義
務。」看到這樣的遺囑，周圍人都認為不可思議。但是他的受
贈人知道消息，卻慨然應允。其中的卡里塞努斯，僅僅五天後
卻不幸去世，他的義務就轉交給了阿雷特斯。他盡心奉養摯友
的老母，並將其所有財產，拿出一半給自己的親生女兒作為陪
嫁，另一半果然分給了摯友的女兒。並同時為兩個孩子舉辦了
盛大的婚禮。

　　這個案例足以闡明道理，但僅僅有一點瑕疵，那就是朋友
的數量有點多。我所談的那種白玉無瑕的友情，是渾然一體
的；雙方都將自己毫無保留給了對方，沒有留下任何一樣東
西能夠分給另外的人了；相反，他埋怨自己無法變出兩位、三
位、四位，沒能有多個心靈和精神能夠拿來全部交給朋友。一
般的友情是能夠和其他幾個人共用的：你可以欣賞這個人的一
表人才，喜歡那個人的溫柔體貼或寬宏大量，認可這個人的慈
父一樣的胸懷，那個人的兄弟一樣的關愛，凡此種種。但我說
的友情絕對占據和掌控著我們的心靈，是無法和第三個人共用

的。一旦兩個人同時需要你的協助，你先去幫誰？一旦他們的要求截然相反，你又如何分出先後次序？一旦其中一人告訴你一件祕密，要你守口如瓶，而另一人必須知道，你又該怎樣做才不會左右為難？倘若你的友情是獨一無二和根深蒂固的，那就消解了其他所有義務。我起誓對祕密守口如瓶，我就必須不違約，絕不講給任意的第三個人知道。將一個人平均分成兩份，那可是天下奇觀了；有些人說能夠平均分成三份，那只能說是不知深淺。絕大多數有一樣的，就不再是天下無雙的了。有人假設，會將等量齊觀的愛意饋贈給兩個朋友，他們如同我愛他們一樣互敬互信，如同我愛他們一樣愛我，他這樣假設，等同於把獨一無二的東西變成雙份，成了團體，而如此之物哪怕僅出現一個，也是踏破鐵鞋，尋遍天下也尋不到的稀世之珍。

　　除了這些，那個案例與我談的友情非常契合：歐達米達斯有所需時，要求他朋友的幫助，視作贈予朋友的一份恩賜和厚愛。他讓朋友們承繼的遺物是他的慷慨，也就是把朋友們為他效勞的方法交給朋友們。毋庸置疑，友情在他的境遇下顯露的能力相比阿雷特斯的境遇下所顯露的要更為強大。所以，沒有體驗過這種友情的人是想像不出來其中妙處的。我特別稱頌面對居魯士一世的提問，一名年輕士兵的回答：他的馬贏得了一場重大比賽，居魯士問他賣不賣馬，什麼價格可以接受，是否樂意用馬換一個王國，士兵回答說：「自然不會，陛下，但我非常榮幸能夠用牠來換得一個朋友，倘若我能尋覓到一個值得我付出一切的稱得上是朋友的人。」

第十一章　論友情

「倘若我能尋到」，一語中的！找一些適宜泛泛而交的人並不難，但我們所說的朋友，是要推心置腹，傾盡全力，自然，所有初衷就必須一清二楚，純真可信。

在單方面維繫的友情和存在利益的情況下，僅僅需要預防這一方面出現問題就夠了。我不會憂慮我的家庭大夫或者律師的信仰問題，因為這些與他們盡一個朋友的職責毫不相干。隨從和我的關係也這樣。我極少想知道某個隨從是否道德高尚，關心的是他勤快懶惰與否。我不擔心車夫遊手好閒，而擔心他是個笨蛋，不擔心廚師滿嘴髒話，而擔心他顢頇愚昧。我不想告訴別人應該做什麼，好管閒事的人太多了，我只想告訴別人我是如何做的。

這是我的方法，你不妨按照自己的主意從事。

—— 泰倫提烏斯

在宴會上，我喜歡豁達放鬆，輕輕鬆鬆，而不是謹言慎行；在床上，我更在意美麗，而非善良；大庭廣眾下，我喜歡本事出眾的人，即使他為人圓滑。另外的方面也同樣。

阿格西萊二世和子女們一起騎棍子玩耍時，被人看了個正著，他懇請那人在生兒育女之前不要在外面宣揚評論此事，覺得只有等那人心中真正擁有依戀的東西，才會對如此舉動做出公平的議論。我也渴望和擁有我說的這種友情的人促膝長談。但我深深了解，這樣的友情與通常的友情天淵之別，它絕難一見，所以，我很難找到一個公平的裁判員。關於這個話題，先人留給我們太多的思考，但相較我的切身體會，顯得蒼白又黯

然。在這一方面，切身感受勝於哲學格言：

> 對於思維健全的人，沒有什麼能夠比得上一位令人如沐春
> 風的益友。

—— 賀拉斯

古人米南德（Menander）認為，但能邂逅朋友的影子，就
是幸福。自然，他這樣說是有原因的，即使他也曾擁有這樣的
友情。感謝上天，我的生活舒心快樂，除了這樣一位朋友的離
開讓我黯然傷神之外，我逍遙自在，問心無愧，原因是天性和
基本需求已經讓我知足了，從不去貪念其他需求。可是，實話
實說，倘若將我的一生經歷與和朋友攜手同行的四年相對比，
我覺得那僅僅是一團混沌，算是一個昏沉而乏味的漫漫暗夜而
已。自我失卻他的那天開始，

> 那是無比殘忍，永懷難忘的一天
> 天啊，這是你的意志。

—— 維吉爾

我從此一蹶不振，得過且過；時常的遊樂不僅無法讓我解
脫，而且讓我對他的追念更加強烈。以前我倆的所有都是對等
平分，如今我覺得竊取了原本屬於他的那一半，

> 我的餘生，想將快樂拋得遠遠的，
> 因為他已不能在我的生命中共用一切。

—— 泰倫提烏斯

第十一章　論友情

　　我對到任何地方都有第二個我的生活，已習以為常，我覺得另一個我已消失不見了。

　　啊！命運剝奪了我靈魂的一半，
　　剩下一半我也不會珍惜，對我還有什麼意義，我活著還有什麼可做？
　　你離開的那一天，我的心也隨著走了。

—— 賀拉斯

　　無論我做任何事，頭腦進行任何思考，我總難免怪他，我想換作是他也會如此。在才幹和品格上，我對他望塵莫及，同樣，在履行友情的義務上，他比我做得好太多。

　　失去了你，我無比悲慘，兄弟！
　　你的友情帶給我無邊歡樂，
　　所有一切都和你一同消逝了！
　　你走了，我的幸福土崩瓦解了，
　　你的墳墓埋葬了我倆共同的靈魂。
　　我自此昏天暗地，黯然傷神，
　　閒暇時光讀不下書，
　　莫非真的無法再並肩私語，
　　無法再聆聽你的聲音？
　　啊！與你相比，我的生命不值一提，兄弟，
　　莫非今生愛你卻真的陰陽永隔了嗎？

—— 卡圖魯斯

但是，我們要聆聽這位十六歲年輕人 [67] 的衷情。

我看到那篇文章 [68] 被一些存心不善的人搶先刊發了，那些人意圖滋擾和推翻當前的國家治安，卻毫不顧及自己的能力。他們將這篇大作和其他與他們沆瀣一氣的文章搜集進一本書並刊發了，所以，我只得有負初心，不選擇這裡發表了。為了讓無法深入探究拉博埃西的觀念和作為的讀者們，對他保留完整的印象，我要說明一下，這篇文章是在他未成年時寫的，僅僅是篇隨筆，討論的議題也不新鮮，在眾多書中都有涉及。他堅信自己寫出的觀點，我是堅信這一點的，畢竟他認真對待任何事情，哪怕在玩遊戲時也從不撒謊。我還要告訴大家，倘若可以挑選，他更情願出生在威尼斯 [69]，而非薩爾拉；這是不難理解的。可是，他還牢牢將另一則格言烙印心中：嚴格遵循家鄉的律條。他比任何一個公民都要循規蹈矩，比任何一個人更渴望天下太平，更厭惡兵荒馬亂。一旦發生動亂，他會想方設法去平定，做不出推波助瀾的事情。他的思想遵循了幾百年前的模式。

但是，我仍想用同出於他筆下的另一部作品，來取代這篇嚴峻的文章，那篇作品和〈甘願受奴役〉寫於同一時期，但更舒緩，更明快。

---

67 十六歲年輕人，此指拉博埃西。

68 那篇文章，此指拉博埃西的〈甘願受奴役〉一文。

69 威尼斯，當時的威尼斯是共和政體。

第十一章　論友情

第十二章
論人和人的差異

第十二章 論人和人的差異

　　普魯塔克曾經提到過，獸與獸的差異不及人與人的差異更大。他的意思是指生存能力和德行。確實，我認為，就明達事理方面，即使我深深了解的人，也不出我的預料，和伊巴密濃達（Epaminondas）的距離天差地別。因此，我想比普魯塔克說的更嚴重些，我想說有些情況下，人際之間的差異，要比人與野獸的差異還大：

　　天！人與人的差異能夠距離天淵之別！

—— 泰倫提烏斯

　　天有多麼高，才智的差異就有多麼大。

　　但是，若說起人的價值，有一點很獨特，萬物都因其自身的品質來被評判優劣，唯獨不包括人。一匹馬，牠的矯健雄壯才能引起我們的讚嘆，

　　大家讚許寶馬良駒，是由於牠賽場奪魁，引發全場歡呼。

—— 尤維納利斯

　　而非牠的鞍轡鮮明；一條獵犬，我們更關注的是牠是否迅捷，而非牠的狗鏈；一隻飛鳥，我們稱頌的是牠的羽翼，而非掛在牠身上的繩索或鈴鐺。評判一個人，我們為何不也用同樣的標準，以他的自身品質來評定他呢？前呼後擁的僕人、富麗堂皇的城堡、聲名遠震的權勢、富可敵國的財產，全部是自身以外的東西，不是他的自身特質。一隻蒙在口袋裡的貓沒有人會買下，你看上了一匹馬，一定會脫掉牠的鎧甲，只有相看一

匹全部暴露在眼前的馬，你才能斷定馬的品質；比方以前讓國王挑選馬時，雖然也把馬罩住，但罩的是無關緊要的部分，是想讓國王忽視馬的鮮亮的皮毛和肥碩的屁股，而把注意力全部吸引到腿、腳、雙眼這些最緊要的部位。

> 國王們相馬時要把馬罩住，
> 避免外強中乾之馬，
> 用牠華麗的表象，
> 迷惑選馬的國王。

—— 賀拉斯

那麼評判一個人時，你為何不讓他卸下全副武裝呢？展示在我們眼前，僅僅是他的表象，唯一可以作為標準，對他做出準確評價的關鍵卻被蒙起來了。你想要的是劍的利刃而非劍鞘的雕花：劍本身不利，你是絕不會付錢的。觀察人應該觀察人的本質，而非他的衣著服飾。有位先賢曾經幽默的說：「你明白為何你感覺他高大嗎？你將他鞋的高度都計算在內了。」塑像的基座不屬於塑像本身。測量人的身高不要把高靴也算上。讓他放下金錢、名位，僅穿襯衫就好了。他的體魄和他的名位相符嗎？雄偉矯健嗎？他的內心呢？善良嗎？純潔嗎？具有各種美德嗎？他本身就尊貴還是另有別的依仗而尊貴？他視金錢如糞土嗎？面對刀刃加身，他臨危不懼嗎？他是否寧為玉碎不為瓦全，將苟全善終視若鴻毛？他從容不迫、慎始慎終嗎？他樂天知命嗎？這些全是必須關注的關鍵，我們可以依靠這些來評判人與人之間的天差地別。

他多麼通達，多麼克己，
貧賤不移，威武不屈，
他勇於壓制欲望，淡泊名利，
他面不改色，外圓內方，
他像光滑轉動的圓球，
他會立於不敗之地，擺脫命運的束縛嗎？

——賀拉斯

這樣的一個人，說什麼王國、公國都小看他了：他自身就是一個歸屬自己的帝國。

我敢面向雙子星起誓，
哲學家掌控自己生命！

——普勞圖斯

他還要許願想得到什麼嗎？

莫非我們看不透，命運只想讓我們
有個健健康康的身體，
有顆安逸的享受人生，
無拘無束的心靈？

——盧克萊修

把我們做個比較吧。他們愚昧、卑鄙、唯唯諾諾、首鼠兩端，總是被各種情感反覆打擊而猶疑不決，一切都聽任他人的擺布。真是天差地別。可我們向來竟如此盲從，對這些極少重視或不屑一顧，但每次我們比較農夫和國王、豪門和寒門、高

官和民眾、富翁和窮鬼的時候，雖然他們說話沒有差別，只要穿的褲子不同，我們就能看出天大的差異。

在色雷斯，君王和百姓的差別非常嚴苛，也很有趣。他有特殊的信仰，並且所有百姓不能信奉，僅僅屬於他自己，那就是商神墨丘利（Mercurius），並且對百姓們信仰的戰神瑪爾斯（Mars）、酒神巴克斯（Bacchus）、月神黛安娜（Diana）統統不屑一顧。

但是，那些只是表面現象，並不對本質的差異造成影響。

這就像戲劇演員，他們在臺上飾演著帝王將相，可一掉頭他們又改頭換面成下賤的隨從或馬夫。演員才是他們的真實角色。因而，在觀眾眼前體面氣派，讓人投入其中的君主，

是由於他身上有明晃晃的大翡翠，
掛在如同黃金的架子上，
他還身穿翠色欲滴的海藍色袍服。

—— 盧克萊修

請來後臺再瞧瞧他吧，無非一個貌不出眾的人，可能身分還不如一個販夫走卒。「那一位暗裡美滿，這一位僅僅表面風光。」

膽怯、躊躇、野心、怨氣及嫉妒，使他和別人一樣心煩意亂：

因為不論奇珍異寶還是低眉順眼的隨從，
都不能驅散

第十二章　論人和人的差異

壓在頭上的苦楚與煩躁：

—— 賀拉斯

即使他隨軍出征，憂慮和恐懼也能掐住他的喉嚨，

壓蓋頭頂的憂慮與擔心，
不懼鋒利的兵刃、離弦的箭矢，
它們大模大樣混跡王公貴族之中，
奇珍異寶也不為所動。

—— 盧克萊修

他同樣和我們似的，會感冒、頭痛和痛風嗎？等到日薄西
山，護衛他的神箭手能讓他恢復青春嗎？當死亡徘徊在他身邊
的時候，貼身的隨從能使他安寧片刻嗎？在嫉妒奪走他的理性
的時候，我們鞠躬致敬能讓他恢復鎮靜嗎？這珍珠鑽石裝飾的
大床，對他撕心裂肺的劇痛毫無用處：

你覺得你的高燒會由於
你的床上有華麗毯子和描金被單，
就能比你鋪蓋普通的被單恢復得更快？

—— 賀拉斯

有人恭維亞歷山大大帝，說他是天神之子。一天他負傷，
眼看著自傷口流出的鮮血說：「那個誰，怎麼回事？這莫非不
是殷紅腥氣、純粹道地的人血嗎？荷馬所說神仙傷口流出的血
可和這不一樣呀。」詩人寫詩頌揚安提柯一世（Antigonus I），

148

稱其為太陽之子。而後者卻說：「每天替我倒馬桶的人都心知肚明，這簡直是胡說八道。」他們是活生生的人，如是而已。若他本人出身微賤，即使成為世界之共主，也不能改變他的出身：

讓少女們去蜂擁追趕吧，
讓玫瑰在他的身邊盛開吧。

—— 佩爾西烏斯

若是他魯莽、蠢笨，他有什麼資格擁有這些？沒有膽魄和才幹，快樂和美滿就無福享受：

人的道德水準有多高，這些身外之物就價值多少，
用得適當就能錦上添花，用得不當就會身遭不測。

—— 泰倫提烏斯

金銀財寶的甜頭不論多大，離不開敏銳的感覺去品鑑。讓人幸福的不是占有，而是享受：

豪宅、財寶、堆山的真金白銀，
無法根治你得的病，
無法消退你的高熱，無法消散心中的惆悵，
有了好身體，才有福消受財寶。
心懷畏怯的人，家對於他是什麼？
那是拿給眼盲者看的畫，貼給痛風者的膏藥！
水壺本身骯髒，倒進去的東西都不會乾淨。

149

第十二章　論人和人的差異

—— 賀拉斯

　　他是痴呆，分不出味道。他如同得了傷寒，嘗不出希臘美酒的香甜；又如同一匹坐騎，看不到背上絢爛奪目的鞍韉。柏拉圖一語中的，任何美好的事物，比方說強壯、漂亮、膽魄、財寶，對異常的人來說都是邪惡的，對正常人來說都是美好的，反之亦然。

　　何況，貴體有恙，精神欠佳，金銀財寶這些身外之物有什麼用？身上有針刺，心裡不自在，哪裡還有心情君臨天下。癲風發作起來，他哪裡還顧得上自己是君主，即使他，

　　金銀盈室，財寶堆山。

—— 提布盧斯

　　難道他還顧及得到他的城堡和他的威信嗎？在他狂怒的時候，即使身為君主，難道不也臉漲得通紅，眼瞪得溜圓，如癲似狂嗎？假如他修養出眾而出身尊貴，王位也不能為他的幸福增色：

　　倘若你有健康的五臟和軀體，
　　舉國之富也不能為你增加任何東西，

—— 賀拉斯

　　他明白，這些均是一場春夢。不錯，他或許認可國王的觀點：知悉權杖分量的人，倘若權杖掉在腳下，認為彎腰拾起是不值得的。他的意思，是指君主擔負著沉重而又艱難的責

任。自然，管理別人絕非小事一樁，畢竟我們自我約束還那麼難。至於調兵遣將，雖然看著威風八面，但因為人的判斷不夠準確，因為變幻莫測的時局讓人難以抉擇，我很認可這樣的觀點：跟在別人後面比起領著別人前進要更簡單和輕鬆；走原有的道路，只管自己是非常便捷的精神放鬆。

因此，想要治國理政，
倒不如平和冷靜的聽從。

—— 盧克萊修

此外，居魯士也這麼認為：若不比領受命令的人更強，沒有資格發出命令。

但是，色諾芬曾記錄過國王希羅 [70] 的一句話：即使尋歡作樂，他們也比不上普通人。因為富足和閒散讓他們品不出珍饈美味的滋味。

胡吃海塞，胃不好受，
毫無顧忌的愛，愛得太多讓人膩煩。

—— 奧維德

我們不是都覺得唱詩班的孩子對音樂很執迷嗎？實際情況是他們唱得太多了，非常厭倦。筵席、跳舞集會、角鬥場，不經常參加的人、想要見識一下的人樂意前往；可參加多次就會感到膩煩、敗興。慣處花叢的人，見到女人也很難心動。從沒

---

70 希羅，西西里島敘拉古國王。

第十二章　論人和人的差異

體驗過口渴難捱的人嘗不出喝水的趣味。大街擺攤的雜耍大家都愛看，可卻是藝人有苦難言的謀生手段。事情往往如此，對君主們來說，偶爾微服私訪體驗一下平民百姓的日子，感到非常興奮，

> 暫時的身分互換會讓達官貴人們感到新鮮，
> 陋室空堂，既無裝飾又無點綴，
> 能讓惶惶不安的人喜笑顏開。

—— 賀拉斯

最讓人厭惡和鄙夷的，就是一個「多」。土耳其皇帝後宮三百美人，滿眼花團錦簇，他怎麼會終日興致盎然？他的那位祖先，狩獵時七千鷹奴前呼後擁，這還是狩獵嗎，這還有興趣嗎？

另外，我認為如此赫赫揚揚，反而是他們享受最純粹樂趣的阻礙：畢竟他們處在萬眾矚目的地位，興師動眾，最能招來物議洶洶。

搞不清怎麼回事，大家更希望國王們蒙蔽大眾和文過飾非。因為同樣發生在普通人身上的小過失，一旦他們犯了，民眾就稱之為暴政，視法律如兒戲。並且不僅說他們罪大惡極，似乎還會上升到抗拒和踐躪國家法律的高度。

沒錯，柏拉圖在他所著《高爾吉亞》裡面，把暴君定義成在自己王國內胡作非為的人。因此，通常因為這個原因，揭發和公示君主的過錯比過錯本身更可怕。君主人人都怕評頭論足，萬眾唾罵，由於連他的一舉一動和任何念頭都處於萬眾矚

目之下，平民們也都覺得監督和評價君主是自己的權利。還有，汙點越是明顯就愈加被誇大；臉上的胎記比任何部位的疤痕更引人注目。

也正由此，作家們敘述到朱比特（Jupiter）的戀情時他總是先要改頭換面，在他們描繪到的朱比特的眾多獵豔韻事時，以他神王的本來面目出現好像僅僅一次。

我們再把視線轉回希羅國王。他也曾說，作為九五至尊是非常難受的，無法自主的活動或旅遊，整天待在王宮內如同坐監牢一般，一舉一動身邊都站著惹人生厭的一大群人。實話實說，我們的那些君主們，孤獨的進膳，身邊滿是看客和聽不完的彙報請旨，每當想到這些，我深深的同情他們而非豔羨。

一位國王甚至說，僅憑這點，國王的境遇不如毛驢；主人允許毛驢悠然自得的吃草打滾，而國王卻很難享有這份無拘無束。

我一向都不覺得，一個身心健康的人，在十多個人的照顧下如廁，會活得很開心；也不覺得一個年薪一萬法朗，曾攻克卡札爾，駐守錫耶納的人能夠認同辦事機構要比得力的隨從更得心應手。

君主的無限權利僅僅是徒有虛名。權勢熏天的人不論大小，似乎都能自立為王。凱撒就曾經把法國有審判權的城主們全部稱作小國王。不可否認，除了不能僭用「陛下」的名號，他們和君主區別不大。你想一想，在天高皇帝遠的偏遠地區，例如布列塔尼，一名告老還鄉、足不出戶、使奴喚婢的城主，寶馬香車、家奴院公，各種職分差事、全部禮儀規矩一應俱

第十二章　論人和人的差異

全；你不得不佩服他豐富的想像力，活得與君主一般無二了。他每年聽人談及自己的君王的機會僅一次，如同談到遙遠的波斯國王。他效忠於這位君主，僅僅是由於歷史漫長的，自己都理不過來，只有查閱文獻才能說清楚的親戚關係。真的，我們的法律真是太寬鬆的，一個貴族一輩子受王權的約束僅僅兩次。只有那些應人之邀並願意出力獲得名利和金錢的人才會正正經經的俯首稱臣。因為誰要寧願銷聲匿跡，安守本分，擅長管家，他就可以像威尼斯大公一樣無拘無束。「奴隸的身分難以束縛太多人，效果更大的是心甘情願為奴的想法。」

但最讓希羅國王看中及懊喪的是這樣一個現實：自己得不到真正的友情與交流，可這是生命中最醇美、最甘甜的果實了。任何人的一切功業，不管他是否心甘情願，都是我恩賜的，我又能希望他怎樣表示友善和好意呢？我不會因他表面的頂禮膜拜，就看重他那畢恭畢敬的敬辭和文質彬彬的神態嗎？畏怯我們的人表面的尊崇算不得真正的尊崇；這種尊崇叩拜的是權杖而非我本人：

> 九五至尊得到的最大利益是，
> 民眾一邊忍耐你的朝令夕改，
> 一邊口不應心的高呼萬歲。

—— 塞內卡

我看到，暴君、聖君，萬眾唾棄、受人敬仰的君主們，都得到了一樣的頌揚。我的前任獲得的，是同樣的奉承，同樣的虛禮；我的繼位人也將受到同樣的待遇。我的子民不譴責我，

這並不代表什麼尊崇之心：反正他們可能是口不應心，我何必要把這當作尊崇呢？服侍我的人都絕非和我有任何友誼：交流溝通那麼少怎麼可能培養出友誼呢。高高在上的地位讓我不可能和任何人平等交流：區別不啻天壤之別。他們服侍我是由於禮儀和工作，說是服侍我，不如說是服侍我的權力更準確，為的是狐假虎威，增加他們的權力與財富。他們在我面前的所說所做，全部都是偽裝的。他們的自由時時刻刻受到我的權勢的束縛，因此我所能目睹的一切全都是遮三瞞四的。

有一天，皇帝尤利安的大臣讚頌他聖明公正，他卻說：「倘若這些讚頌來自那些在我的旨意不聖明時能夠公開非議我的人，我才會真正的覺得自豪。」

君主們真正享受的一切優厚的待遇和普通民眾基本是一樣的（騎天馬騰雲、吃龍肝鳳髓的福分只屬於神仙）。他們和我們沒什麼兩樣，睏極要睡覺，肚飢要吃飯；他們的刀劍和我們擁有的鋒利程度差不多，他們的皇冠既不遮風也不擋雨。戴克里先[71] 當皇帝萬民敬仰又順風順水，卻放棄皇位去享受天倫之樂。過了不久，國家發生大事，群臣紛紛請求他復位，他答道：「我栽的樹整齊劃一，我種的瓜果香甜可口，你們一旦見到，就會打消勸我的念頭了。」

---

71 戴克里先（Diocletian，西元 244 ～ 312 年），羅馬帝國皇帝，於西元 284 ～ 305 年在位。他結束羅馬帝國的三世紀危機（西元 235 ～ 284 年），建立四帝共治制，使其成為羅馬帝國後期的主要政體。其改革使羅馬帝國對各境內地區的統治得以存續。

第十二章　論人和人的差異

　　阿那克薩哥拉[72]認為，為君之道，最要緊的是弘揚善行，抵制惡行，其他的所有無所謂輕重緩急。

　　皮洛士（Pyrrhus）國王意欲攻打義大利。他的謀臣聰慧過人，他想讓皮洛斯體悟一意孤行的虛妄，便問道：「親愛的陛下，您規劃這件偉業意欲何為？」國王答道：「為了掌控義大利。」「之後呢？」謀臣又問。國王繼續說：「我繼續攻占高盧和西班牙。」「再之後呢？」「我不會停止腳步，我要繼續去攻打非洲，最後，當我將全世界征服，我就停頓下來，過過無拘無束的安逸生活。」謀臣最後問道：「陛下，請您回答我，為何您不立即就進入最後一步呢？為何不現在就開始，到您渴望生活的地方去居住呢？這樣也能避免您在這兩者之間遭遇不可測的千辛萬苦和艱難險阻。」

　　由於他搞不懂欲望的邊界在哪裡，
　　真正的快活應該到哪裡停步。

　　　　　　　　　　　　　　　　　　　　—— 盧克萊修

　　我將用一句古詩作為此段的收尾，我認為它說明這個問題十分貼切：「每人的性格決定著自己的命運。」

---

72 阿那克薩哥拉（Anaxagoras，西元前 500 ～前 428 年），古希臘哲學家、科學家，他首先把哲學帶到雅典，影響了蘇格拉底的思想。

第十三章
論判斷的猶疑不決

第十三章　論判斷的猶疑不決

有一句詩算得上至理名言：

凡事既能從正面說，也能從反面說，

—— 荷馬（Homer）

比如：

獲勝的漢尼拔不知道
獲勝之後利用勝利。

—— 佩脫拉克（Petrarca）

　　誰同意這個觀點，願意和我們討論一下我們未在蒙孔都堅持到底這個失誤，誰要是認為西班牙國王沒有充分利用在聖康坦明顯強於我們的勝勢，誰就能說出這種失誤是由於他對自己的幸運喜出望外，見好就收；因為獲得的勝利過於重大，需要時間鞏固，乘勝追擊顯得力不從心；好運眷顧他，給了他如此難得的時機，他卻無福消受，他懷中已經滿滿的，無法拿起更多的東西。他雖然十分幸運，可一旦他的對手得到喘息之機捲土重來，這種時機對他何益之有？他連望風而逃的敵人也沒有膽量追趕，又怎能認為他有膽量再度擊潰捲土重來，想著報仇雪恥的敵人？

在人生大轉折，畏懼壓倒一切之時。

—— 盧卡努斯

　　說到頭，除了已然遭遇的慘敗，他還能盼望什麼好收場？

158

兩軍對壘和擊劍不同，不以點數的多少決定輸贏。只要敵人還能站起來，就只能一鼓作氣，不給其任何翻身的機會。十足的勝利才是勝利。凱撒在奧里庫姆城附近慘遭大敗，他對對方的士兵們說，如果你們的將軍明白長驅直入，我早就徹底敗完了。因此等到凱撒得勝之時，他就乘勝追擊了。

但是，為何不將事情反過來想呢：貪得無厭不知見好就收，那是唯利是圖的草率的舉動；想著打破上蒼劃定的限制，那是亂用上蒼的恩賜；得勝之後再進行冒險，這是再次將勝利交給不確定的命運；兵法中最明智的地方，就是不要逼得敵人背水一戰。內戰之時，蘇拉（Svlla）和馬略（Marius）在擊潰瑪律西人之後，發現一小支潰敗的軍隊，困獸猶鬥一般瘋狂的反撲過來，他們就主張暫避鋒芒。倘若富瓦（Foix）做事不那麼衝動，追打拉文納戰役的殘存敵人能夠網開一面，也就不會反勝為敗最終喪命。前事不忘後事之師，當吉安在塞里索勒避免了相同的錯誤。攻打被你逼到絕境、只有破釜沉舟的軍隊是非常危險的，因為人被惹急了會拚死抵抗；「困獸咬人最狠。」

步步緊逼，捨生忘死，並不能使人輕鬆獲勝。

—— 盧卡努斯

正因如此，在斯巴達王打敗了曼提奈亞人之後，法拉克斯嚴禁他去追擊一千名已經潰散的阿爾戈斯人，而放任逃兵們自由逃走，為的就是避免這些逃兵被激怒而冒死反擊。阿基坦王在獲勝後對敗走的勃艮第王緊追不捨，後者被逼得掉頭迎戰。但阿基坦王的執拗卻將他到手的勝利成果徹底奪走，因為他在

敵人的背水一戰中喪命了。

　　一樣的道理，倘若要在兩者之間做出抉擇，是替戰士裝備寶貴、華美的甲冑，還是僅僅配發一些不可或缺的軍裝，塞多留（Quintus Sertorius）、布魯圖斯（Brutus）、凱撒等名帥一定選擇前者，原因是讓戰士盔明甲亮，耀武揚威，就必定會覺得揚眉吐氣，士氣大漲；他一定會加倍的堅韌，拚死的戰鬥，因為他會如同愛護家財一樣的殊死捍衛自己的甲冑：色諾芬認為，這也是為什麼亞洲人出征時會帶上妻子美妾和金銀財寶。但反過來想，同樣會有人端出異議：務必消解而非煽動戰士的貪生念頭；第一種選擇會讓戰士更加貪生怕死；還有，因為目睹著豐厚的戰利品，敵人會加倍的眼紅心熱，加倍的盼望獲勝。有這樣的記載，以前羅馬人在征討薩謨奈人時，就曾因這種心態而如狼似虎。安提奧庫斯[73]指著自己身後即將會戰羅馬人、披堅執銳、盔甲精良的大軍，問漢尼拔：「這支軍隊會稱羅馬人的心意嗎？」「他們會中意嗎？」漢尼拔回答說，「那是自然，無論他們的胃口有多大。」來古格士不但嚴禁他的士兵穿得光鮮亮麗並且嚴禁他們繳獲太多戰利品，他親口解釋說是為了在獲得勝利的同時，讓軍隊保持吃苦耐勞的光輝品格。

　　在包圍戰和一些其他場合，我們有可能很接近敵人。我們經常命令戰士以不同的方法挑釁、謾罵、羞辱敵人，這樣做似乎很有道理：因為不能把這看成小事，這樣做能明確的告訴戰士們，你們如此百般羞辱敵人，敵人就不會妥協、不會乞和，你們要摒棄不戰而勝的妄想，剩下的唯一做法就是與敵人殊死

---

73 安提奧庫斯，敘利亞塞路西亞國王。

搏鬥。但是維特里烏斯[74]卻由此而吃了敗仗：他所面對的是軍隊士氣低迷的奧東。奧東的戰士們久疏戰陣，被安逸的富貴生活腐化得鬥志全無。他羞辱敵人們貪生怕死，膽小如鼠，迷戀留在羅馬的酒色財氣和燈紅酒綠。他那些難堪的咒罵最終激怒了敵人，使敵人重整旗鼓，同仇敵愾，這是一切正面鼓舞都難以辦到的。正當敵人裹足不前的時候，他卻弄巧成拙，主動招致敵人的拚死反抗。確實，羞辱能夠振奮人的精神，很輕易就能讓一蹶不振，無心為君主賣命的人，容光煥發的為自我而折辯和衝鋒。

一支軍隊，保護主帥是最重要的：擒賊先擒王，敵人的主要目標就是這顆貫串全軍的腦袋。正因如此，好像喬裝改扮指揮戰鬥理所當然。這一觀念也曾被幾位統帥所認可。但是，這個辦法有利又有弊，甚至弊大於利。由於一旦軍士們難以辨認出自己的主帥，那麼他們被主帥一馬當先、以身作則激勵起來的士氣就將不復存在。如果他們找不到慣常的統帥人纛旗，可能想當然以為主帥已經捐軀或認為主帥見事不好已先行逃命。至於實際的戰鬥，我們會發現有時這種見解有利，有時那種見解更有利。皮洛士於義大利征戰執政官時的事態對於正反兩方面的見解都驗證：因為他料事於先，和德摩加克里互換了盔甲，從而沒有暴露自己，最終得以保命，但他也認為這樣做是最終打了敗仗的理由。亞歷山大、凱撒、盧庫魯斯（Lucullus）更傾向於在征戰時突顯自己，鮮衣怒馬，穿著屬於自己的特殊的盔甲，一望可知。亞基斯（Agis）、阿格西萊、古里波斯卻截

---

74 維特里烏斯（Aulus Vitellius，西元 15 ～ 69 年），羅馬帝國的皇帝之一。

第十三章　論判斷的猶疑不決

然不同，不顯山，不露水，喬裝改扮指揮戰鬥，堅決不用君王的特殊裝飾品。

法薩羅戰役中，大家對龐貝最大的非議，是他讓軍隊停下來等待敵人。原因是這樣做（我這裡摘抄普魯塔克的原文，比我的話更有說服力），「首次攻擊就不像跑著衝擊敵人那樣威力充沛，士兵們擁擠不堪，完全沒有了衝擊力（這衝擊力不同尋常，會讓士兵們在頻繁衝撞中易怒，暴躁，伴隨著呼號和跑動，使他們更加如狼似虎），他們的一腔熱血，也在裹足不前中變得冰涼了。」這就是普魯塔克對這段史料的評論。可是，倘若凱撒最終戰敗，難道不能這樣評論嗎：正好相反，最強大的局面就是以靜制動；因勢利導停止冒進，最大限度保存實力和節約力量的人，要明顯強於突飛猛進，在飛奔中筋疲力盡的人。還有，軍隊是形形色色的單個士兵組成的集團，在如此飛速的前行中難以做到整齊劃一，它的陣列必然會越來越混亂，體力最突出的人一定會在孤立無援的境遇下與敵人短兵相接，因為夥伴還沒趕到，無法支援。在波斯兄弟的內戰中，斯巴達人克萊亞科統率居魯士的希臘部隊，他率領軍隊慢條斯理的前進！但距離敵人不足五十步的時候，他猛的命令跑步衝鋒。他的意圖是用短距離衝鋒的方式保持陣列，養精蓄銳，並且又讓戰士們和投射武器具備速度的上風。有人總結經驗，想要盡量解決這個打仗難題：敵人猛撲過來，你就以逸待勞；敵人好整以暇，你就突擊猛打。

德皇查理五世攻打普魯旺斯，法王法蘭索瓦有兩個選擇，去義大利迎戰還是在本土等待。他這麼想的：能夠使自己的

家園免受戰爭的蹂躪是最好不過的了，後方的毫髮無傷能夠接連不斷的向前方戰線提供軍需和軍費；戰爭中每次戰爭肯定帶來摧殘，我們必須最大限度的降低財產損失；農民能夠在心理上接受敵人的踐踏卻難以忍受我方軍人的破壞，因此非常容易由此而在我們內部爆發動亂和起義；默許燒殺搶掠在應對戰爭中難以避免，可盡量不在自己的國土內施行，而僅僅依靠軍餉，再無其他收入的士兵，即使在家鄉守在妻兒老小身邊也很難循規蹈矩；誰布置餐桌，誰就要掏錢買單；最好的防守是進攻；最便於傳播，最不講理性、最快速擴張的情感就是害怕，在國土本地，一仗打敗就會舉國震驚；城裡人剛聽到城外炮火喧天，就馬上要面對還在戰慄、驚魂未定的將士，這些人亂中取利，趁機燒殺搶掠就非常難辦了。即使有這麼多的考量，法王還是下定決心將遠涉他鄉的軍隊全部召回，靜待敵人打上門來；因為他完全可以從反面設想，自己待在老家，身邊一呼百應，下達命令如臂使指：江河、道路隨他調配，不用費心看押就能安全便捷的運來糧草；大軍壓境，民眾會更加同仇敵愾；紛雜的城市和眾多的防線保證著安全，他完全能夠見機行事，因勢利導決定戰爭的地點、規模；他若甘心靜候時機，他能安逸、快活的目睹敵人忍餓受凍、長途跋涉，焦頭爛額：敵人孤軍深入到別國國土上，四面八方的環境全是敵對的，一旦瘟疫蔓延，部隊減員，傷病得不到安置；除了掠奪，得不到任何補給；沒有修正的機會；不熟悉地形、軍情，被伏擊、埋伏驚擾得筋疲力盡；一旦戰敗，損兵折將，逃散無路。對於正反兩方面的觀點，案例比比皆是。西庇阿認為到非洲去攻城掠地要比

第十三章 論判斷的猶疑不決

死守義大利保家衛國要更有效果，所以他獲勝了。但反過來，漢尼拔卻在戰爭中拒絕征討異國他鄉，選擇保家衛國而慘遭失敗。雅典人因為對進攻自己國土的敵人置之不理，遠征西西里而慘敗，敘拉古王阿加托克利斯（Agathocles）卻因不管國內的戰火，進攻非洲而大勝。所以，我們平日所說的就非常有說服力了：收場和終局，特別在戰場上，大多被命運所決定，而天意難測，命運是不會逢迎遵從人的推論、決斷的，就像這些詩句所說：

> 冒險者經常凱旋，守成者經常鎩羽，
> 面對理所當然的緣由，命運總是置之不理，
> 如同盲人騎瞎馬，四處亂衝亂闖，
> 其實冥冥之中自有天意在掌控一切，
> 強迫世人悉聽號令。

—— 曼尼里烏斯（Manilius）

但靜下心來想一想，人的意圖和決斷好像同樣由命運決定；命運的變幻無常、高深莫測也決定了人的推測決斷。

柏拉圖的《對話集》中，蒂邁歐（Timaeus）曾說，人的思想方式隨意、草率，是由於人的推測決斷和人一樣，具有非常大的不確定性。

第十四章
論誇誇其談

第十四章　論誇誇其談

　　古代有位雄辯家，將自己的職業形容為讓小的東西看起來大一些，使人感覺很大。這就好像一個能替小腳做雙大鞋子的鞋匠。倘若在斯巴達，他會由於宣傳吹噓撒謊而受鞭笞之刑。我認為，斯巴達王阿爾吉姆倘若聽到修昔底德（Thucydides）的回答一定驚詫萬分：阿爾吉姆曾問修昔底德，他與伯里克里斯（Pericles）交鋒誰能贏？他答道，「這個是很難說清的，因為他即使被我推翻在地，他也能讓圍觀的人認定他尚未倒地就已經贏啦。」有人為少女戴上面具，替她們濃妝豔抹，這些人造成的傷害不怎麼大，僅僅是瞧不見她們的廬山真面目，沒有別的損失，而先前的那些雄辯家蒙蔽的並非我們的耳目，而是我們的判斷水準，他們做的是扭曲、汙蔑事情的本來面目。像克里特、斯巴達這種國泰民安、物阜年豐的國度是瞧不起雄辯家的。

　　阿里斯托芬曾經把雄辯術定義為：勸服人的藝術。蘇格拉底、柏拉圖則把雄辯術稱之為騙術、諂媚術！有的人粗略的談到它時否認這種蔑稱，但在他們的訓誡、敕令中卻無時無刻不在認可這種說法。

　　有些國度嚴禁教給兒童們雄辯術的課程，認為它百無一用。

　　雄辯術一度在雅典很風靡，雅典人發現雄辯術的確帶來很大的危害，就嚴令將蠱惑人心的那些關鍵部分和起始語、終結詞一併刪除。

　　這是一種為蠱惑、控制不循規蹈矩的民眾而發明出來的工具，一件如毒藥一般用在不健康國度的用具；在雅典、羅德

島、羅馬這類國度裡，普通百姓、無知民眾、任何的人都能隨心所欲，時勢總如風雨突變，雄辯家們便紛紛粉墨登場。是的，在這些國度裡，極少有人不憑藉巧舌如簧就能飛黃騰達的；龐貝、凱撒、克拉蘇（Crassus）、盧庫魯斯、卡圖盧斯（Catullus）、梅特魯斯（Metellus）等等如雨後春筍，均是憑藉三寸不爛舌一步步爬上高高在上的寶座的，他們更多的是利用高談雄辯而非依靠刀槍鋒利；這和太平盛世的景象截然不同。沃盧姆尼烏斯[75]大庭廣眾發表演說，支持克・法比烏斯和帕・德基烏斯氏族的人當執政官時這麼說：「他們天生就是當統帥的人，是建立功勳的偉人；論辯口才也很傑出：他們是符合執政官要求的人選；機智能幹、伶牙利齒、學富五車的人有利於城邦，能當伸張正義的大法官。」

在羅馬時局最混亂、內戰最慘烈，民不聊生的時候，雄辯術反而最為興盛：如同一塊未被開墾的荒蕪土地，最豐茂的反而是野草。如此來說，君主掌握的政府好像比起其他政府更不需要雄辯術：由於，周圍眾人的奴顏婢膝、花言巧語雖然最容易蠱惑君心，可我認為，不用智慧思考，弄不清真相的無知與偏信，其實單個人是不會都存在的，並且優越的教導和規勸也可以使君主避免遭受這種迷魂藥的蠱惑和傷害。在馬其頓和波斯就沒有出現一名出色的雄辯家。

我所論述的雄辯家的用詞和一名義大利人有關聯。前些日子我和他聊天，他曾長時間做過一位大人物的廚房主管。我讓他敘述一下他的工作，他將他那矇騙世人的本事向我滔滔不絕

---

75 沃盧姆尼烏斯，羅馬執政官，於西元前 307 ～前 296 年在位。

第十四章　論誇誇其談

說個不停，道貌岸然、義正辭嚴的樣子彷彿是在告訴我一項重大的原則性問題。他向我展示了人的胃口的轉變，飢腸轆轆的時候、吃過兩頓、三頓飯以後，該如何滿足胃口，又有什麼訣竅誘發並刺激它；講解調味醬汁怎樣調配，先敘述通用的，再詳細闡述每種調味料的品質和效果；講解不同的時令選擇沙拉的差異，哪種沙拉要熱吃，哪種沙拉要涼吃，還有怎樣布置點綴才能讓它色香味俱全。這些講解完，他又講到上菜的前後順序，說得層次井然，規矩考究，

> 這些自然不簡單，了解
> 怎樣切雞，怎樣切兔子！

—— 尤維納利斯

他講述這些還用了繁多而典雅的詞藻，而且使用了治國理政的詞采。使我猛的回憶起了我的一位老朋友：

> 太鹹了！燒糊了！太淡了！鹹淡合適了！
> 下次還按這麼做！將我的微末才識傾囊相授
> 我下大力氣教給他們。
> 最後，德梅亞，我教給他們洗碗
> 碗盤要洗得能當鏡子，我可是毫無保留啦。

—— 泰倫提烏斯

但是，在埃米利烏斯·保盧斯[76]從馬其頓凱旋，為希臘人

---

76 埃米利烏斯·保盧斯（Lucius Aemilius Paullus Macedonicus，西元前 229 ～ 前 160 年），古羅馬國務活動家和統帥。

舉辦的筵席上，連希臘人也極力讚頌筵席的組織得力，安排適宜；但我這裡說的不是筵席組織的細枝末節，而是指筵席上的演說。

我不曉得別人是否遇到過和我相同的情況，當建築師們口若懸河的講起梁柱、門楣、簷口、考林辛式廊柱、多利安式建築以及各種行業術語時，我就會不由自主的想起阿波里東宮；我覺察到，事實上，原本說的就是我廚房門上的那些無足輕重的點綴裝飾。

當有人在你耳邊談論借代、暗喻、諷喻這類修辭稱謂時，是否認為在說一些少有生僻的字眼？可其實這些都是拿來描寫你的隨身侍婢呶呶不休說出的那堆廢話。

雖說我們國家的職位名稱和羅馬人的截然不同，更缺乏他們那麼大的權勢，可是我們卻要借用羅馬人的高階稱謂來稱呼官員，這無非矇騙世人的手段，與卑劣的騙局是同一類醜貨；先人曾把幾個極端威風的稱謂放到一、兩位偉人身上，他們由此光彩了幾百年，我們覺得誰好就替誰亂加頭銜。照我說，此類圈套，終將會成為證供，足以證明我們這個世紀的虛偽怪誕。柏拉圖堪稱神人，那是世界公認，無人非議的；但是義大利人，他們吹噓自己聰明伶俐，論辯清晰，要遠遠超過同時代的任何民族，這種說法也並非一點道理沒有，但前不久他們硬將這個頭銜加到了阿雷蒂諾[77]腦袋上。這一位作家除了表述十分幽默、滑稽，的確非常工巧但有些造作荒謬，一言以蔽之，

77 阿雷蒂諾（Pietro Aretino，西元 1492 ～ 1556 年），文藝復興時期歐洲義大利作家。

第十四章　論誇誇其談

　　除了傾盡全力做到高談雄辯以外，我瞧不出還有任何高妙之處足以壓服同代的一般作家；倘若一定要與先賢的神人頭銜相比照，他可是望塵莫及。還有那個「大」字，我們把它安到幾個君主腦袋上，可他們相較一般民眾，絲毫沒有更偉大之處。

第十五章
論切身感受

第十五章　論切身感受

　　推論和知識，即使這兩種才幹得到我們由衷的篤信，也達不到讓我們付諸行動的程度，除非我們的心靈經過實踐的考察與培養，有直面生活的經歷；否則，只要遇上偶發事情，我們的內心會無所適從。所以，那些渴望登上巔峰的哲學家，不願意在安逸生活中靜候命運的突然作弄，生怕一旦遭遇難題，應變能力不足。他們料事於先，刻意去承擔艱難險阻的磨練，有的人將家財揮霍一空，甘於簞食壺漿的日子，有的人去當苦力，粗茶淡飯，任勞任怨。還有人割捨身上最珍貴的器官，恐怕花天酒地會減弱意志及腐化心靈。死亡是我們生命中要完結的最大的偉業，我們卻不能親身實踐。習氣和閱歷能夠磨練人，讓他承受苦痛、羞辱、貧賤和其他不幸；可是死亡，我們只有一次機會。我們在承受死亡時都沒有任何經驗。

　　有先人十分珍惜時光，想要嘗試和體驗死亡的感覺，他們全神貫注的觀看死亡到底是如何發生的；只是他們沒有能夠復生並傳授一點有利的資訊：

　　沒有誰能在冰涼的死亡長眠中甦醒回來。

—— 盧卡努斯

　　蓋烏斯‧尤利烏斯（Gaius Julius）出身羅馬貴族，品德崇高，被暴君卡利古拉（Caligula）處死，他堅貞不屈，讓人折服，在劊子手將對他行刑時，他的一位哲人朋友問他：「蓋烏斯，此時此刻您的靈魂如何？在做什麼？在想什麼？」他回答：「我的內心在作計畫，聚精會神，想確認在最後時刻，我能否看到靈魂飄蕩，靈魂對後面的事有沒有感覺，我倘若探明

了情況，一旦又能回歸，我一定告訴您。」這個人直至最後時刻還在研究著死亡這個哲學課題，在刑場上還有心情想到別的，真是令人驚嘆的自信，令人驚嘆的勇敢！

生命終止之時他還在掌控著自我的靈魂。

—— 盧卡努斯

但是，我一致認為有方法可以去熟悉死亡，也能體驗死亡。我們能夠嘗試，即使不完善也不完備，至少還是有點作用的，能夠讓我們更加堅韌和自尊。我們如果做不到進入死亡，但能夠靠近死亡，熟悉死亡；我們如果無法走進死亡國度，但最起碼可以發現和踏上走進它的通道。我們可以觀察沉睡的形態，因為沉睡與死亡非常相似。

我們從正常進入沉睡非常簡單！我們迷失光亮和自我也是非常不以為意！

沉睡能夠讓我們失卻所有舉動和感覺，似乎覺得這是違背自然的，除非自然想提醒我們，自然締造了我們，活著是這樣，死去也是這樣，沒什麼區別；我們一旦獲得了生命，自然就向我們展現了它給我們過身以後預備的永恆形態，想讓我們熟悉這種感覺，不要生出任何恐懼之心。

照我看來，那些遭遇不幸突然休克的人，那些喪失五感的人，是接近了死亡的原本面目；因為在喪失知覺的瞬間，沒有任何痛苦或沮喪。我們難過是耗費時間的，死亡只須片刻，一定沒有感受的時間。我們畏懼的是接近死亡，這是我們有切身

第十五章　論切身感受

感覺的。

　　有很多事物想像的要比現實嚴重的多。我生命中大多數時候無病無災；甚至可以說精神煥發，充滿熱情。這種朝氣蓬勃和積極向上的心態讓我非常害怕生病，但是當我真的患病，我才知道病痛比起恐懼簡直不值一提，我經常有這樣的感受：我如果身居溫室，而屋外狂風暴雨，我會為淋雨的人擔心難過；倘若屋外淋雨的是我，我一定沒有時間去想別人。

　　我無法忍受整天待在一間空屋子裡，有時被逼緊閉幾天，幾十天，擔驚受怕，神經衰弱，我感覺無病的時候憐惜病人明顯超出我自己得病的時候；得病時我要憐惜自己；我豐富的想像力能把現實浮誇一倍。我情願對死亡的設想也這樣，無須大動干戈，小題大做，唯恐無法接受死亡的壓力；無論做什麼，我們也無法帶來更多的便利。

　　在我們一次內戰中，有一天我走出離自己家一里地的地方。雖然我的家距離陣地很近，但我自認為離家這麼近，不會出意外，沒必要全副武裝，隨意找了匹瘦馬騎著，在回來的路上中，這匹馬對突發事件不知所措，我也不能很好的駕馭牠；我的貼身侍衛非常強壯，騎的馬野性十足。侍衛要逞強，一馬當先，直朝我飛奔而來，如同泰山壓頂壓向我的這匹小馬，撞得馬倒在地上，我被甩出十幾公尺，仰面朝天，登時昏迷了，血流滿面，腰帶崩斷，身子僵直，失去了知覺，如同朽木一般。

　　這是我此生僅有的一次昏死，周圍的人千方百計要弄醒我，我毫無反應，都認為我死了，辛辛苦苦的抱著我回到了

家。整整兩個鐘頭，我被視為死人；好半天我才恢復知覺和喘氣；由於我胃部存了不少血，他們扶我站立起來，我吐出的血足足有一罐子之多，一路之上反覆多次。我也略微恢復了一點活著的跡象。而後在漫長的一段時光內，恍恍惚惚，我的直覺距離死亡比距離活命更近。

由於靈魂找不到回家的路，驚慌失色，飄來蕩去。

—— 塔索（Tasso）

這個記憶銘心刻骨，讓我好像觸及了死亡的真相和明悟了死亡的實質，以後再遇不會感到突然。當我的目光望向死亡時，是那麼恍惚、虛弱和昏暗，除了光什麼都看不見。

眼睛時張時合。人半睡半醒。

—— 塔索

靈魂的感覺和肉體的感覺是相同的。我發現自己滿身鮮血，因為口吐的鮮血沾滿了大氅。我第一個想法是自己頭腦中槍了；當時，我們周圍的確有人放槍。我感覺我的生命完全駐留在嘴唇上；我緊閉雙眼，似乎在用力將生命推出去，心甘情願讓生命走過去，這無非一種想像在靈魂中飄蕩，和各部分軀體一樣的虛弱，事實上不僅沒有任何失落的感受，甚至還存在一種輕輕入睡的安逸。

我覺得人在瀕死時刻逐漸衰弱，也是同樣的狀態，我還認為，我們素日憐惜他們渾身難受或者心靈焦躁不堪，是毫無道

理的。這是我的一貫想法，不管別人怎樣認為。我們經歷有人突然暈倒，好像死去，有人常年臥病，有人突然偏癱，有人老邁無力，

> 常有病人受不了病魔的襲擊，如同五雷轟頂一般，倒在我們面前；
> 他口吐白沫，四肢抽搐；
> 他胡言亂語，神志不清，騷動不安，
> 在全身戰慄中衰亡。

—— 盧克萊修

有人頭部被擊中，發出呻吟，有時還長吁短嘆，聲音難聽，讓我們誤認為聲音、動作都是他們的身體反應；我則認為他們的靈魂與軀體都已神志不清。

> 他沒死，可是他本人意識不到自己沒死。

—— 奧維德

我難以置信身體受到如此大的震撼，知覺受到如此大的打擊，靈魂還有感覺，我也難以置信他們還存在著理性，還有痛苦的感覺，所以我覺得他們沒有什麼好可憐的。

一個人的靈魂無比悲哀，苦於無處傾訴，我認為這是最難忍和最恐怖的；如同那些被割舌後押到刑場的犯人，緘默無語，再配上這張肅穆呆滯的臉，成了死亡最好的寫照。如同這些可憐的囚犯，交給了歹毒的劊子手，受盡非刑拷打，屈服於敲詐勒索，而且身處囹圄，思想和苦難無處傾訴。

詩人卻虛構了一些神靈，為了讓那些逐漸死去的人表達出心中所想，

　　依照神的諭旨，我將這根神聖的頭髮帶給冥王，我使你脫離你的身體。

—— 維吉爾

　　有人在他們的耳邊大呼小叫，嚎啕大哭。他們被迫發出一些急促微弱的回應，做出如同供認的舉動，這些都證明不了他們活著，起碼不是十足的活著。我們在沉睡前說夢話，感覺四周都如墮夢中，聽到的響動也含混不清，飄忽不定，就像在靈魂的邊緣踟躕；另外，僅僅聽到周圍的人說出的末尾幾句話，無論回答什麼，大多也是扯談，基本沒什麼意義。

　　現在我即使有了切身感受，可是確信當時的判斷並不準確。第一點，昏死時我用指甲撕開了自己的貼身襯衫（甲冑已然凌亂），也沒有疼痛的印象，因為身體的很多動作並不受大腦支配。

　　奄奄一息時，手指抽搐，握住了那把劍。

—— 維吉爾

　　往下摔倒的人在倒之前首先張開雙臂，這全部是一種本能，證明四肢互相配合，有時它們的動作不受理智支配。

　　有種說法，四肢被揮舞的大刀突然砍斷，
　　肢體掉落下來還在動，

177

第十五章　論切身感受

損傷突如其來，人的靈魂與身體都來不及感到痛苦。

—— 盧克萊修

　　我的胃裡充盈著淤血，雙手不聽使喚的來回撫摸胃部，就像在抓癢。有很多動物，甚至不少人，死後肌肉還在抽搐。每個人都有切身感受，身體有些部位時常不能克制的抽動，直立，落下。這些動作只流於表面，無法說是我們的動作；要讓動作真真正正屬於我們，我們必須全身心投入，我們睡著後手腳感受的痛不是我們的痛。

　　我受傷的消息早已傳到了家，我還在路上，家裡人都來迎我，遭遇這種事總是大喊大叫的。他們後來告訴我，我那時不僅回覆了幾句家人的問話，看到妻子在崎嶇的小路上跌跌撞撞，還想到讓她騎馬。似乎頭腦清楚的人才有這些考慮，但是當時的我說不上是清醒的。這完全是下意識的。恍惚的想法，全是感官發出的，不是從內心發出的。我不清楚自己從哪裡來，到哪裡去，也無法思考別人的訴求。這是感官產生的細微反應，如同習慣動作；靈魂基本不起作用，如墮睡夢，只覺留下微微的、如漣漪一般的痕跡。

　　但是，我的情緒當時非常寧靜。我沒有為他人也沒有為自己感到悲哀；這是一種疲乏，一種極端的柔弱，但是毫無痛苦。我看著自家的房子卻不認識。親人們扶我躺了下來，我覺得這次睡眠是最甜美的，因為我被折磨得難受，他們歷盡艱辛用手臂抬著我走了回來，道路坑窪泥濘，中途換了好幾次手。

　　他們拿過來很多藥，我都丟到一邊，認為自己死定了。這

樣死去說真的是非常幸福的；理性的創傷讓我對任何事都不置可否，而身體的虛弱讓我對任何事都不知不覺。我任憑自己飄飄蕩蕩，那麼輕盈淡然，認為這個動作無比輕柔。兩、三小時後，我又活了回來，恢復了體力，

　　終於我的知覺又恢復了生機。

—— 奧維德

　　我馬上感覺到了受傷骨折的肢體痛不可支，連著好幾天都那麼難受，我似乎又死了一次，只是這回可非常動盪，至今還對當時的輾轉反側感同身受。

　　在神志恢復之前，我要別人反覆告訴我：我當天的經歷，從哪裡到哪裡，是幾點幾刻發生的。至於我摔下馬的原因，他們為了袒護那個肇事者，對我掩蓋真相，編了一套謊言。可是次日，我的記憶逐漸恢復，回憶想起了那匹烈馬壓過來的那一刻（因為我看到馬緊貼在身後，認定自己已然死了，可是這個念頭來得非常突兀，完全沒有時間去害怕），我感覺像一道閃電，劈得我靈魂出竅，彷彿我來自於另一個世界。

　　這件事不值一提，談到它也說明不了問題，可是我從中能夠找到我追求的體驗。事實上，我認為要熟悉死，必須靠近死。像老普林尼所說，每人都能從自身學到東西，只要留意觀察就行。這裡所說的不算我的觀點，只算我的研究；這不是教育別人，而是教育自我。

　　我寫了這一章，讀者不會埋怨我。我從中獲益的東西，也

應該讓別人獲益。我未曾浪費東西，只是使用屬於我的東西。我做的事如果愚蠢，也僅僅傷害自己，而不會妨礙別人。這是我內心的一點貪念，過去了也沒有後果。我們了解兩、三位先賢也曾經走過這條路，可現在除了他們的姓名，對他們的經驗一無所知，他們身後也沒有追隨者。巡捕飄忽莫測的思想，搜索暗夜無光的心靈邊緣，伺機抓住細小閃動的知覺，真的是一項困難的、紛雜的體驗，這也是一種全新的、非同尋常的娛樂，將我們從日常瑣事，乃至緊要工作中引導過去。數年來，我只研究自己的思想，我只體驗自己；哪怕研究別的，原因也為了印證自身。我認為這樣做是正確的，好過那些不怎麼經世致用的知識，我將所感所學毫不保留，哪怕我並不是很滿意。闡述自我比闡述任何東西更艱難，也更有價值。一個人出門前必定照鏡子打扮一番。我持續的在闡述自己，也在持續的裝飾自己。自誇與自吹自擂很接近，通常把描述自己視作陋習，向來不招人喜歡。

為孩子擦鼻涕，卻擰了他的鼻子。怕出錯，卻犯了罪。

我覺得這劑藥弊多利少。可是當眾評論自己肯定被視為自大；我按照全面計畫，將說出我內心的不健康的本質，也會說出我無論在習性上，還是在工作中存在的這種瑕疵。我的真實看法是，由於看到別人喝醉的醜態就去詰責酒，是毫無根據的。只有好東西才能讓人如此不節制。我認為這條規矩只詰責大眾無節制的醉酒。繩索是拿來捆牛的，那些侃侃而談的聖人，還有哲人們，絕不會拿來束縛自己。雖然我算不上是哪種人，我也不需要繩索。他們現在還沒談到自己，可時機成熟，

他們會毫不顧忌的當眾亮相。蘇格拉底談論哪個課題多過談論自己？他教導學生談論什麼多過談論他們自己？他們所探索的並非書本內容，而是他們心靈的本質和紛擾。

生活就是我的課題、我的藝術，誰不准我跟隨直覺、閱歷和習性來談論生活，如同他命令一名建築師不根據自己的理解，而根據鄰居的理解，不根據他本人的學識，而根據別人的學識來談論房子一樣荒謬。假使談論自己就是狂妄自滿，西塞羅和霍爾坦西厄斯都坦陳對方的雄辯水準超過自己，又如何解釋呢？

可能他們的意思是我要用作品和實踐證明自己，而不靠空泛的言論，可是我的課題是我的思想，沒有實質形狀，無法實踐，能夠訴諸於紙面已經很不容易了。一些先賢一生中也沒有驚天動地的事業，而我的事業就是談論命運，多過談論我個人。它們驗證了各自的功用，而非我自己的效果，有些話純屬偶然，僅是一個特例罷了。我當眾將自己全部展現出來：這是一副骨架，所有血管、肌肉一目了然，所有器官各安其位。

我所描述的不是我的言談舉止，而是我及我的實質。我認為談論自我要謹慎，拿出依據要仔細，不論褒貶態度要一視同仁。我若覺得自己和藹、聰明或不錯，我會高聲說出來；故意不說，那是無知，而非謙遜。亞里斯多德認為，看低自己是畏怯和小氣。虛情假意變不成德操；真誠向來不是謬誤。抬高自己，並不都出於自滿，常常是因為無知。過度的得意洋洋，一味的自怨自艾，我認為，才是這種陋習的實質。

消滅自傲陋習的最好方法是反道而行，就是非但不談自

己，而且乾脆不要想到自己。自大是思想產生的，語言所起的效果不大。他們覺得孤單度日是孤芳自賞，孤芳自賞更是一種自傲。這話也許對，可是這僅僅是一些不了解自己的人，滿足於臆想和閒散的人，狂妄自大和不切實際的人：總把自己當作高於自我的局外人，這種人才會產生自傲行為。

誰自高自大，瞧不起別人，可以回頭看看過去的成百上千年，歷史上成就高於他的英豪偉人不計其數，他就會慚愧無地的。他若對自己的勇敢無比自信，就讓他翻看西庇阿的傳記，還可以看看家國歷史，他更是望塵莫及。沒有哪一種美德可夠讓人意得志滿，他必須隨時審視自身還藏有太多瑕疵，最後千萬不能忘掉生命的虛妄性。

只有蘇格拉底曾經莊嚴的告誡大家 —— 人要有自知之明。透過這樣的探究，要意識到人要清醒看待自己，自我反省，所以他才無愧於聖賢的稱號。他勇敢的自己剖釋，做到了自知。

第十六章
論父子情 —— 致德・埃斯蒂薩克夫人

第十六章　論父子情—致德‧埃斯蒂薩克夫人

　　尊敬的夫人，若非遇上稀奇的事（事情也以稀為貴），我不會停下正在進行的事業[78]。因為這件事業如此稀奇，和通常的方法大相徑庭，我樂在其中。

　　數年來，我陷入了孤寂低落的鬱鬱寡歡，這種情緒十分違背我的個性；首先我萌生了一種寫作的渴望。但是，苦於沒有素材，於是我把自己當作寫作的主題。這樣一部書在文體上標新立異，線索上也別開生面。這部書可能由於新奇而備受矚目；由於如此的主題散漫，細碎，最好的能工巧匠也不能讓其融為一體。

　　所以，夫人，在開始說我自己以前，我必須表達我對您的敬意。我願意開篇就這樣做，因為在您的眾多德行中，您的舐犢情深非常突出。您的丈夫德‧埃斯蒂薩克先生英年早逝，您放棄了許多高門大族的提親，矢志不渝，守身如玉，這麼多年含辛茹苦養育孩子，至今仍不能鬆心。因為您的嚴謹和福澤，日子一切都好；知道您的事蹟的人，都和我一樣的想法，您是當今這個時代傑出的母親楷模。

　　感謝上天，讓夫人您的辛勞獲得如此善報；由於您的愛子德‧埃斯蒂薩克先生前程萬里，可以確信當他成年之後，優秀的他會感恩和報答您的。可是，他現在還太小，無法全部體諒您對他春暉一般的關愛。我無法當面向他坦陳一切，他終會看到這篇文章，但願他從文章中得到一份可靠的證明；也許他的內心能激發更大的波瀾。法國沒有誰能像他一樣受益於母愛，

---

78 事業，此指其《隨筆集》。

他日後對您最好的報答，就是自身的善行和美德。

如果談到最原始的自然規則，或說在動物和人身上普及且長遠存在的某些天性（這點可能是有爭辯的），照我的愚見，每個動物在保命和避險的天性之外，排在第三位的感情就應該是對後代的關愛。這似乎是大自然為了萬物生息繁衍，對我們的託付。如此說來，子女對父輩的愛沒有想像的不是那麼深也就不奇怪了。

另外，還有一種看法是亞里斯多德提出的，那就是真誠待人的人，付出的愛會比收穫的愛更多；給別人好處的人總比受到好處的人愛得更深切；作品假如有思想，對作者的愛一定沒有作者對作品的愛更多。特別是我們對自身都很珍視，自身是由行為和工作構成的，所以每個人或多或少都包含在自己的作品裡。施恩的人進行了一件純真美妙的工作，受賜的人只得到了好處，好處比不上純真美妙。純真是持久的，讓人內心得到滿足，而獲得的好處很簡單就消失了；也不見得留下長久或溫馨的回憶。我們越是付出艱辛得到的東西，就越覺得珍貴；施恩要比受賜更難。

人與動物區別在於我們有理性，所以我們更容易擺脫天性規律的桎梏，可以用自由意識和判斷能力去處理事情，我們應該適當向大自然做出妥協，可是不是任憑自己被天性所控制。我們要用理性控制天性。

我個人對那些不經理性而自然產生的思想，表示十分的疏離。有人抱著剛落生的嬰童十分激動，而我對一個心智未開、身體未定型、不怎麼可愛的小東西，很難萌生感情。隨著我們

第十六章　論父子情—致德‧埃斯蒂薩克夫人

對他們逐步熟悉，才會萌生一種真實的合適的感情；他們假如值得愛，天性和理性相互糅合，才會逐漸產生真正的父愛。他們假如不值得愛，即使父子天性，我們還是以理性為主。

通常情況下，事情是完全悖逆的；我們對嬰孩的哭喊、玩鬧和幼稚，比他們成人後安分守己的行動更有興趣，好像我們愛孩子僅僅把他們作為娛樂，作為寵物，而非當成一個人。有些父親在孩子幼年間花大量的錢添置玩具，可對孩子成人後的需求卻不大方。再說重一點，當我們快要撒手塵寰之時，瞧著他們齊家創業、生活美滿會出現一種嫉妒，讓我們對孩子斤斤計較。他們緊隨我們身後，似乎嫌棄我們擋路，我們會非常氣憤。因為，說真的，他們的生存，會傷害我們的生存，這是無能為力的客觀規律；倘若我們懼怕這一點，還是不要當父親。

我覺得，當他們年富力強時，禁止他們插手我們的財產，分攤我們的事務，這是殘忍和偏執的，既然教養孩子是為了他們活得更好，就不能讓他們艱辛度日。

倘若有人告訴我，一位深明大義的貴族抓著自己的財富不鬆手，唯一的理由是由此換得兒孫的尊崇和對他的懇求；當他年老體衰之時，這是他保持家庭威信的唯一法寶（亞里斯多德曾言，不僅是晚年，任何種類的無力，都讓人慳吝）。這個問題確實存在；但同時也是一劑藥，醫治一種我們必須預防的病症。一個父親僅僅由於孩子有求於他而愛他 —— 這也算得上是愛的話 —— 已經非常可憐了。

應該用自己的美好品德、樂觀、慈祥和善行而博得尊崇。奇珍異寶化成了灰也有價值，高才大德者的遺骨也能受到我們

的敬重。一個人一輩子光風霽月，風燭殘年也不會成為真正的朽物，他仍然會得到尊崇，尤其得到兒孫尊崇，要求他們不忘恩情，只能用理性的教育，而不能用利益相勸誘，也不能用淫威相逼迫。

教導溫順的內心渴望榮耀和自由，我認為教育中的粗魯及體罰是錯誤的。我覺得逼迫行為中一種束縛的感覺；我認為：用理性、嚴謹和謀略做不到的事，也不能訴諸武力。

我從小到大都處在這樣的教育環境，我知道自己幼時僅受到兩次輕輕的鞭打。我也這樣對待自己的孩子；我的女兒已經六歲了，無論教導她還是責罰她，母親都溫言細語，苦口婆心。當她的過失讓我失望時，通常有很多原因，不是我的教導方式的錯，我確信我的方式是合理的。

我對男孩的教導要更細心，男孩天生好逞強，更豪爽；我喜愛他們靈活聰明，心胸開闊。我認為鞭笞產生不了作用，無非讓內心更加軟弱或更加頑固。

一個衰朽臥床的父親，已不能處理日常事務，死死控制著一大筆錢財，不論對自己，還是對親人都是不好的。假如他深明大義，能做的就是脫掉衣服躺在床上：沒必要脫到內衣，可以保留一件溫暖的睡袍；其餘所有身外之物，要自覺自願的按照血緣及感情分發給應該得到的人。

他將大自然褫奪他繼續享有的東西分發給孩子們，這是理所當然的；否則會引發歹心和妒忌。查理五世做的最受稱讚的事，就是他領悟的這個道理：當披在身上的皇袍太重了，阻礙走路了，就要理性的自己脫下；當挪不動雙腿了，乾脆躺下

來。當他治國力不從心了，他就將大政方針、威信和權柄移交給兒子。

假如你睿智理性，要順應時代，卸下你那老馬的轡頭，
不要等到將來一腳踏空，倒臥不起，淪為笑料。

—— 賀拉斯

不趁早明智的抽身，不服老勉力維持，會讓軀體和心靈都受到過度的損壞（內心和軀體是平等的，有時內心占到一半以上），這樣的過錯讓古往今來太多偉人名譽掃地。我以前熟悉很多有名望的人物，他們年富力強時聞名遐邇，但是美名又飛快跌落。為了他們的榮耀，我很想勸他們一句，已不能建立豐功偉績的年紀，真應該儘早歸隱，樂享安逸。

我曾經和孩子進行了一次坦誠平和的對話，想培養他們對我赤誠直率的感情 —— 天性純良的人想做到是不困難的；當然我們這個世界到處都有凶殘的猛獸，假如人蛻變成了那番模樣，也只好像面對猛獸一樣避之唯恐不及了。

還有一種風俗我很厭惡，就是禁止孩子稱呼自己為父親，代替的是另一種古怪的更為尊崇的稱謂，似乎普通的稱呼有損我們的威嚴。不准成年的孩子和父親有密切的情感，要求父親維持一種莊嚴肅穆，居高臨下的作風，覺得這樣能夠威懾孩子們敬服，這也是錯誤的，荒唐的。這無異於一場荒謬的鬧劇，在孩子看來父親是討嫌的、好笑的。對一個熱血已經冰涼，還做出一副睥睨乖張的表情，就像田地裡的稻草人，只會惹得容光煥發，朝氣蓬勃的孩子們的恥笑。在我可以讓人畏懼的年

紀，我寧願讓人尊敬。

老年人有如此多的弊病，可同時又力不從心；他很可能被遺棄，他最好的福報就是子孫的溫暖和愛護，趾高氣揚、咄咄逼人再也不應該做為武器。

我認識一個人，他在年輕時飛揚跋扈。當他日漸老去，雖然盡可能的克制，可他還是打人，罵人，脾氣非常暴戾；他無時無刻不在查看周圍，極端機警，但這一切竟是一齣騙局。他的家人合起來隱瞞他；即使他的鑰匙片刻不離手，視作眼珠子，可別人仍然能隨便拿走他的糧庫、貨倉、甚至錢箱裡的東西，他自覺勤儉，粗茶淡飯，可是他看不見的房間裡大魚大肉，沸反盈天，談笑著他的暴戾和吝嗇。大家都差人把風，隨時提防他。假如哪個多事的僕人向他告密，只會招來他的懷疑；這也是老年人的常見瑕疵。他多少次當我面吹噓他立下的各種家規，親人對他如何恭順；他看事情如何目光如炬。

僅僅他一個人被蒙在鼓裡。

—— 泰倫提烏斯

他有過無以倫比的學識和才幹，善於掌握自己，卻不可避免的回到了幼年。這個事情極具典型意義，我特意挑選出來說明問題。

他能否擺脫如此局面，這將有待研究，在他的跟前，大家都裝出恭順的樣子，沒有任何違逆，他的虛榮心得到莫大滿足。大家畏懼他，一心哄著他。他開除了一名僕人，僕人打包

第十六章　論父子情—致德 · 埃斯蒂薩克夫人

離開，但僅僅離開了他的視線。他的腿腳不便，神志昏聵，不能察覺那名僕人仍舊在大宅聽差。然後看準時機，從老家發來幾封求告信，僕人訴訴苦，認個錯，一口答應今後賣力當差，這樣就能求得他的寬恕。

老人要做什麼事或寄封信，家人認為不合適的話就會扣壓，然後虛構原因，或者說郵遞錯了，或者說音信全無。外來的信都是別人看過，認為他看看無所謂才交給他。有的信碰巧先到了他手中，他習慣讓旁邊人唸給他聽，別人就信口胡謅，即使信中的譴責也說成是求情。天長日久，他所看到的一切都是假的，提前擺設好的；為了不讓他煩惱和操心，一切都合他的意。

我目睹太多家庭積年上演同類喜劇，方式有異，但效果雷同。

無妻無兒的老人收到這種蒙蔽，比較少見，但是也更殘忍更無尊嚴。老加圖（Cato Maior）說過，有多少隨從就有多少仇敵。假如把當時的風俗對比今天，難不成在告誡我們妻子、孩子、僕從每個都是仇敵嗎？還好，人老了，老眼昏花，不知痛癢，讓人欺負了也沒感覺，這也是一種福氣。假如我們錙銖必較，在當今法官都可以買通，判決基本偏向年輕人，我們能得到什麼便宜嗎？

我即使沒有目睹這類欺騙，至少我自認為是很容易上當的。別人總說朋友是很珍貴的，但和家庭關係完全不是一回事。我看到動物那種單純的親情，真是讓人感動！

假如有人騙我，起碼我不自欺欺人說自己是不上當的，也

不耗盡心血去這麼做。我只能憑藉自身避免背叛，而非捕風捉影坐臥不寧，同時下定決心對其滿不在乎。

當我聽聞某人的遭遇，我並不關心他；而是將心比心想想自己的情況。他遭遇的一切都和我有關，是對我的一種勸告，也讓我警醒。假如我們能夠如此舉一反三，推己及人，每天都在評論他人，其實也在評判我們自己。

有不少作家，莽撞的一往無前詆毀別人的工作，卻想不到這同時是在摧殘自己的工作，這些詆毀也能夠被對手操縱反過來襲擊自己。

已經去世的德·蒙呂克（de Montluc）元帥有個愛子，單純善良、積極向上，不幸死在馬德拉島。元帥喪子之後向我傾訴，他遺憾滿腹，其中最刻骨噬心的，是他自認從未和兒子交心的談一談。他擺出一副嚴父的威厲，卻永遠失去了走近和探尋兒子心靈的機會，從未對兒子表達過深切的父愛和讚許。他說：「我這可憐的孩子，眼中的我總是愁眉苦臉，神態輕蔑，向來覺得我既不愛他也不認可他的才幹。我對他是這種不正常的感情，我還想讓誰來察覺呢？他一旦了解了一定會既高興又激動吧？而我卻強抑自己的感情，卻整天擺出這張假模假式的面孔。我永遠喪失了跟他談心、表達父愛的機會，他去世前對我也十分冷漠，他從我這裡只能得到冷酷的態度，一定感覺我就是一名暴君。」

我認為他的懊悔是正常合理的。我出於自身經驗，當一位朋友撒手而去時，我們最大的欣慰無過於我們曾經與他暢所欲言，和他們有過促膝談心。

第十六章　論父子情—致德　·　埃斯蒂薩克夫人

我對親人推心置腹，願意向他們訴說我的想法，及對他們極其所有人的認識。我總是迫不及待的傾訴心中所想，我不想讓別人誤會我。

在古代高盧的特異習俗中，有這樣一條是禁止孩子面見父親，也不准與父親同時出現在人前，直等到能夠端起武器上戰場，此時父親才能與他們親密來往。

我認為人在去世前對遺產最恰當的安排就是留給家鄉。法律比我們思慮得更周全，即使不合理，讓法律承受，也好過讓我們在慌亂中突然承受承擔。財產終究不屬於我們，民法也規定，我們過世後財產必須留給後輩。即使我們享有自由分配的自由，如果沒有顯而易見的重要原因，是不能褫奪一個人依照血緣和情理理應享受的繼承權。肆無忌憚和隨意處置，是不合情理，濫用權利。

世人太偏向男性繼承家業，妄圖讓自己的姓氏萬古流傳，這是荒唐的想法。我們也喜歡胡亂預測純潔孩子的未來，不論學識還是體育，當年在兄弟當中，乃至在全省孩子當中，我是最笨拙、最遲緩、最不顯眼的一個，倘若由此將我排斥在圈子以外，無疑不公正。我們做出經常不負責任，也並不準確的預測並以此為憑，據此決定至關緊要的抉擇，這是荒唐的舉動。

柏拉圖的法官和子民們有一段對話非常有意思，我記錄下來：他們說：「我們感到時日無多，為何不能將自己的東西遺贈給我們愛的人呢？在我們的病床前，在我們虛弱無助時，在我們的日常家務中，親人帶給過我們的幫助是不一樣的，我們難道不能自己決定分給誰多，分給誰少嗎？天啊，這是多麼的

不公平！」法官的回應如下：「我的朋友，你們即將離世，按照神諭，你們很難認知自己，很難認知你們的財產。我是法官，認定你們不歸屬你們，你們的財物也不歸屬你們自己。你們及財物，無論原來還是將來，都歸屬於你們的家庭。還可以這樣說，你們的家庭及財物是歸屬團體所有的。倘若曲意逢迎的人利用你們的體弱無力，或者利用你們的一時頭腦發熱，慫恿你們立下不公平的遺囑，我要避免這種事發生，可是為了城邦的公共利益及你們的家庭利益，我將立法，讓大家理所當然的認為個人的財產理應歸屬於集體。你們無聲無息的、毫無遺憾的離開。剩下的交給我，我將不偏不倚，盡我所能從公共利益的角度考量，分配你們的遺產。」

　　說不出原因，我總認為女人任何方面都不應該駕馭男人，除非出自天生的母性感情，去責備那些乖張暴戾，又願意聽其責罰的人。但是這和我們談論的老年婦女問題無關。顯而易見由於這種顧慮，我們才非常願意擬定和實施禁止女人繼承王位的律條，但是這條法律沒有任何人見過，世界上哪裡也不像這裡，不經理性判斷而引用這條法律。

　　將繼承權交由母親決定，由她們挑選孩子，這風險很大。她們的抉擇時常充滿偏心，不可捉摸。因為妊娠期陰晴不定的不健康心態，經常重現於她們的心靈。經常能夠見到這樣的情況，她們對最膽小、最遲鈍或者還沒離懷抱的孩子格外偏心。因為她們缺乏充分的才智、公正的態度，她們任憑直覺和記憶的支配；如同動物，只能認出跪著吃奶的幼獸。

　　整體說來，經驗充分說明，這種天然的感情沒有牢固的基

第十六章　論父子情—致德 · 埃斯蒂薩克夫人

礎，即使我們經常煞有介事。我們用微薄的一筆錢，就能讓一個母親整天拋下親子，來撫養我們的孩子。不論她們的孩子遭遇任何不測，就是不准她們哺育親子，還不准她們照顧親子，要專心的養育我們的孩子。大多數時候，我們發現天長日久會萌生一種後天的感情，甚至比天生的感情更猛烈更操勞。要保護別人的孩子的心情甚至比保護自己的孩子還要強烈。在我家鄉的農婦，在無法哺育自己的孩子時通常用羊奶替代。這些乳羊經過訓練，一旦嬰兒啼哭時，認識他們的聲音，馬上跑過來餵奶。如果換成另外的嬰兒，牠們就不肯；嬰兒換了一頭乳羊也不肯吃。跟我們一樣，野獸先天的感情也會減退，讓位於後天培養的感情。

希羅多德（Herodotus）曾經提到，利比亞一個地方男女混居，孩子到了能走路的年紀，靠著天性的引導，能夠從人群中找出自己的父親。我斷定一定會時常出錯。

孩子是我們養育的，我們疼愛他們，將他們叫作另一個本人；那麼還有一樣東西也出自我們，其重要性絕不次於子女，這就是我們內心的產物，是我們的聰明、膽魄和才能滋長的，比肉體生育的更加崇高，更無疑就是我們的孩子；這些產物耗費了我們更大的心血，假如有益，也帶給我們更大的榮耀。因為我們子女的價值更多來自他們自身，而不出於我們；我們所產生的效果是不值一提的；可是第二種孩子的全部美好、高雅和價值都出自我們，所以，它們比其餘的全部更能象徵我們，讓我們興奮。

柏拉圖說，這是一些永存的孩子，讓它們的父親萬古流

芳，乃至被頂禮膜拜。

在羅馬有一個叫拉別紐斯的人，孔武有力，精研文學，文武全才。他的父親老拉別紐斯是凱撒的頭名大將，後來轉投龐貝，忠心不二，最後在西班牙被凱撒打敗。我說的小拉別紐斯才高德昭，招致很多的嫉恨，當時皇帝的寵臣恨他恨得咬牙切齒，因為他正直坦率，還秉承父志，抨擊專制政體，這都反應在他的文章中。他的政敵將他告上法庭，勝訴後將他的眾多文章著述投入火堆，焚書之刑的始作俑者就是這些人，後來又出現數起判書籍死刑的做法。我們缺乏其他辦法和舉動來發洩殘忍的心態時，就動手毀掉這些欠缺情緒的東西，比方說名譽和智慧產物；就對藝術和著作斬草除根。

但是拉別紐斯不堪忍受這種煎熬，無法在痛失愛子後忍辱偷生；他讓人將自己抬進祖墳，活埋了自己。這是最好的範例來表達深沉的父愛。他的摯友卡西烏斯（Cassius）能言善辯，看到無數著作付之一炬，大喊到根據這條判決也應該將他燒死，因為他牢牢記住了那些書的內容。

科爾杜斯（Cordus）也有同樣的遭遇，他被控在文章中贊同布魯圖斯和卡西烏斯。這個下流無恥、奴顏婢膝，荒唐透頂的議會判決將他的書籍付之一炬。他心甘情願和書籍休戚與共，所以絕食自戕。

盧卡努斯晚年被昏君尼祿判處死刑。他讓醫生割斷他的兩臂上的血管，大部分的血已經流乾，四肢漸漸失去知覺，馬上要波及到他的關鍵部位，他最後想起的是他寫的有關法薩盧斯戰爭的一些詩句，所以背誦出來，死時嘴裡還振振有詞。這難

道不是父親給孩子的溫暖的訣別？如同我們瀕死時緊緊擁抱家人；這無疑也是一種天稟，在最後關口回憶起人生最密切不捨的東西。

伊壁鳩魯臨終前深受腹瀉的煎熬，他欣慰的是他的學說流傳於世，我們有這樣的感受，他著述了大量題材豐富的文章，如同撫養了一大群富有教養的孩子。兩者都讓他得到了滿足。假如他能夠選擇在死後留下一個冥頑不靈的孩子或是一部胡言亂語的壞文章，他一定選擇第一種厄運而不會是第二種，我覺得不僅是他，任意一位賢人，都會如此選擇的。

說回手上這本書，我所能給它的，都是絕不藏私、不圖回報的奉獻，如同別人奉獻給子女一樣。我給予這部書的微弱貢獻，也不再由我控制。它可以了解很多我不再了解的事，它保存很多我沒有保存的事，我如果有需求，也只能像外人一樣向它借用。即使我比它睿智，可是它比我豐富。

深愛詩歌的人，如果能當上《艾尼亞斯紀》[79] 的父親，絕對比做羅馬最出色少年的父親還要興奮和榮幸。因為根據亞里斯多德和所有藝術家的想法，最迷戀個人作品的人是詩人。

---

79 《艾尼亞斯紀》，維吉爾的詩篇。

第十七章
論讀書

第十七章　論讀書

　　我相信我常提到的許多課題，如果交給專家，能夠說得更出色。這一章完全是我憑直覺即興寫的，而非出於學識，如果讀者認為純屬胡言亂語，我也不反駁；我的觀點的受眾不是別人，而是自己；而我也不一定對自己每個觀點都合心。哪個人要是能從中有所得，那全憑運氣。我不善於治學，這一章內容都是我的不經之談，我並不盼著有人看完後能夠增加見識，而只希望大家明白我：這些事物可能將來我會真懂得，也可能我以前見識過，可是當我幸運的接觸它們的真實面目時，我已想不起來了。

　　我向來博覽多讀，可是看過記不住。

　　所以我不能擔保什麼，只能傾訴我這會是怎麼認為的。不能寄希望於我談的具體事物，而要掌握我談的方法，才能真正有所得。

　　例如，看我的例證是否恰當，是否可以證明觀念。由於我時而言不及義，時而思路混亂，不能準確表述心中所想時，我就印證了別人的話。我的引述不在於數量多，而在於準確性。這些引述大部分出自古聖先賢，不用專門注釋大家也都了解。有時候為了將他們的道理和思想巧妙的和我的道理和思想相融合，故意省略他們的名字，為的是讓那些動不動就跳腳的批評家稍安勿躁，他們肆意攻訐別人的作品，尤其是尚在人世的青年作家，他們簡直就是個笨人，四面樹敵。我故意讓他們出醜，誤認為自己冷嘲熱諷的對象是我，可卻是普魯塔克；辱罵我，可實際罵到了塞內卡頭上。我要將自己隱於這些大人物身後。

我盼望被人吹毛求疵，想說的是讀者能用清楚的思維來尋找文中的精彩之處。由於我記性差，不能將每句話典出何處分門別類，但是我明白我的水準不高，明白在我的土地上開不出長在那裡的奇花異草，自己果園的水果永遠也沒有那麼香脆可口。

假如我辭不盡意，矯揉造作，自己沒發現或是別人指出仍沒感覺，我是有責任的。因為有些謬誤常常自己看不出來，可是在別人指正後還沒有感覺，這是判斷出了問題。我們有時候有了學識、真理卻不具備判斷力，有時具備判斷力卻少了學問和真理。說得確切一點，自認無知，是證明自己具備判斷力的最光明、最可靠的證據之一。

我編排自己的觀點也是全憑感覺，沒有一定之規。跟隨思路寫出來；這些觀點時而奔湧而出，時而細水長流。我寧願能更自然點，哪怕略有凌亂。當時怎麼想的也就怎麼去寫。所以這些事實必須正視，否則在評論時就會信馬由韁和空洞無物。

我也想全面了解事物，可是代價太大了。我想輕鬆的而非辛苦的度過未來的歲月。我不願意為任何東西費盡心血，哪怕是治學，哪怕治學的無比光榮。我徜徉書籍也為的是遊戲人生，如果做學術，我尋找的也無非是怎樣審視自己，怎樣尋歡作樂，怎樣視死如歸的學問：

這才是我這匹跋涉的老馬真正奔向的目的地。

——普羅普蒂厄斯

第十七章　論讀書

　　閱讀時遇到攔路虎，我也不會冥思苦想；經過一、兩次的思索，想不出來也就置之不理了。

　　倘若我不甘心，就會耗費精神和時間，由於我性格魯莽，一遍想不出來，多想幾遍反而越來越糊塗。我如果不興致盎然，就一無所成，煞費苦心、廢寢忘食反而讓我更加糊塗而直接放棄。我的視線不清楚了，就一定要重新對焦，就像注視紅布的色彩，視線一定在紅布上面先停駐，然後轉動眼珠，要眨好幾次眼才看真切。

　　假如一本書不想看了，我馬上換另一本，只是在窮極無聊之時再返回來繼續看，我一般不看現代人的著作，我認為前人的著作更博大精深；我也不看希臘人的著作，因為我不能熟練掌握希臘文，不會有太深的理解，沒有辦法判斷優劣。

　　在那些純屬打發時間的書籍中，我認為現代人薄伽丘的《十日談》、拉伯雷（Rabelais）的著作，以及《吻》，值得細細品味。關於諸如《高盧的阿馬迪斯》的一類作品，我即使孩提時代也不感興趣。說句不該說的，我心態不再年輕，不會為亞里斯多德或奧維德而震撼，我以前很迷戀奧維德通暢的描述和曲折的情節，可現在一點也不感興趣。

　　我對任何事物，包括理解不了的和涉獵範疇以外的事物，沒有顧忌的表達心中所想。當我表達觀點，並不是指事物本身就這樣，而是說我認為這樣，我厭惡柏拉圖的《阿克西奧切斯》，覺得這是他毫無光彩的一部作品，我也不覺得我的觀點一定無誤，以前的人對這部作品倍加尊崇，我也不願唐突先賢的論點，人云亦云更能問心無愧。我只能批判、駁斥自己的觀

點，可是浮於表面，找不到關鍵，也許找不到準確的角度。只要不是條理不清也就無所謂了；找到了自己的缺點也坦率承認。對觀點以及呈現出的現象，想到了就適當的解釋，可是這些現象是模糊的和欠缺的。伊索的多數寓言隱含著多層內涵和見解，斷定寓言僅隱含一種內涵的人，總是挑選出最符合的一條；可是在大多數狀況下，這僅是最膚淺的理解；還有更有趣、更重要和更潛在的含義，他們放棄繼續深入，而我就是做這個工作的。

順著我的思路繼續說，我一向認為在詩歌方面，維吉爾、盧克萊修、卡圖魯斯和賀拉斯超群絕倫。特別是維吉爾的《喬琪克》，盡善盡美，將《喬琪克》和《艾尼亞斯紀》做一對比，就能看出維吉爾如果有充足的時間，可以將《艾尼亞斯紀》某些章節更加細膩的整理一下。我覺得《艾尼亞斯紀》的第五卷是出類拔萃的。我對盧卡努斯的作品也非常喜愛，並不是文筆優美，而是本身的價值和一針見血的評論。我認為泰倫提烏斯最擅長描寫心理和世情，他的拉丁文規範雅致，每當在日常生活中出現他描述過的情境，讓我想到他。他的著作百讀不厭，每次都能發現新的感悟。

稍晚於維吉爾的人，發牢騷認為認為盧克萊修沒有資格並肩媲美維吉爾。我也認同不應該這樣比較；可是當我閱讀盧克萊修最出色的片段時，不自覺的也這麼認為。倘若他們對這樣的相提並論忿忿不平，那麼當今不少人將他和亞里斯多德做不成體統的對比，更不知怎麼反駁這些愚蠢的論點了，亞里斯多德本人又會怎麼說呢？

第十七章　論讀書

唉！這是個是非不清、樂趣不彰的年代。

── 克塔勒斯

我覺得將普勞圖斯（Plautus）和泰倫提烏斯（他極具貴族氣質）相提並論，比將盧克萊修與維吉爾相提並論，更讓前人忿忿不平。羅馬雄辯術之父西塞羅經常張口不離泰倫提烏斯，說他無以倫比，而羅馬詩人賀拉斯也對其讚不絕口，這些對泰倫提烏斯名震天下產生了促進作用。

在當今，那些喜劇作家（尤其義大利人擅長此道），剽竊泰倫提烏斯或普勞圖斯劇本的片段就另造一個劇本的能力，常常讓我大為驚異。他們將薄伽丘的五、六個典故羅列在一部劇本中。他們將如此豐富的情節放在一塊，恰恰說明他們對自己的劇本毫無信心；他們只能憑藉情節來勉強支持，他們自己絞盡腦汁，已找不出任何讓人著迷的東西，哪怕讓我們覺得好玩。這和我認為的泰倫提烏斯截然相反，他的文章白玉無瑕，讓我們不糾結具體內容，我們從頭到尾沉迷在他典雅生動的語言中。

透澈明亮像一條清澈的河流。

── 賀拉斯

我們整個內心都沉醉於語言的美，美到了讓我們忘掉情節的程度。順著這條思路繼續遐想：我體會到了古代大詩人絕不裝腔作勢，非但不像西班牙人和彼待拉克信徒的那種虛偽浮誇，也不像後來幾百年詩歌中尖酸刻薄的言論俯拾皆是。好

的評論家都無可置疑古人這方面的能力。對卡圖魯斯的清水芙蓉、毫無雕琢的短詩愛不釋手，遠遠超出喜歡馬提亞爾（Martialis）的冷峻詩句。出於同一個理由，馬提亞爾評論自己：「他毫不費力；情節大於才華。」前一種作家坦然自若，也不虛張聲勢，就寫出了感人至深的著作，他們的笑料唾手可得，沒必要硬要抓癢。後一種作家則必須添油加醋，才華越少，就越依賴情節。他們只能騎馬，因為他們的雙腿虛弱無力。如同舞會上，造詣不高的教師，無法表達高貴的氣質，就用誇張的跳躍，活像船夫拉船的怪異動作來吸引目光。對女人也是一樣的道理，有的舞蹈身子花枝亂顫，而有的雅致舞蹈只須蓮步輕移，落落大方，一如平時本色，前者的造詣要求遠不如後者。我也領略過傑出的演員只穿日常服飾，不改日常姿態，全憑才華讓我們沉浸在完美的藝術享受之中：而那些沒有傑出造詣的新手，只能塗了濃濃的油彩，穿著誇張的服裝，裝模作樣的扮醜，才能博人一笑。

　　我的這些觀點，透過對比《艾尼亞斯紀》和《憤怒的羅蘭》，更能得到鮮明的驗證。《艾尼亞斯紀》一飛沖天，穩健沉著，飛向一個目的地。而《憤怒的羅蘭》情節繁雜，由此及彼，延展開去，如同小鳥在林間一會飛翔，一會休憩，牠的羽翼禁受不住長途，若不抽時間休息，將會筋疲力盡，氣都喘不勻。

　　牠只能時而飛行，時而休息。

　　　　　　　　　　　　　　　　—— 維吉爾

第十七章　論讀書

在這種類型中，以上那些作家都是我喜歡的。

還有另一種類型，內容有興味，有意義，閱讀時能夠陶冶情操；其中讓我收穫最多的是普魯塔克（尤其是他來到法國之後）和塞內卡的著作。他們兩人都是這方面的佼佼者，合乎我的性情，他們書中的知識點都是小篇幅的談論，如普魯塔克的《短文集》和塞內卡的《道德書簡》，看完不需要太長時間（我也沒有那麼長的時間）。《道德書簡》是塞內卡最好的文章，也是最有收穫的。不必鄭重其事的看，隨時看隨時中斷，因為各篇之間不連貫。這些作家有著相同的處世哲學；他們的經歷也很類似，生活在同一個世紀，兩人都當過羅馬皇帝的老師，都出身國外和貴族家庭。他們的思想是哲學的精髓，寫得大道至簡，普魯塔克一以貫之，冷靜成熟。塞內卡性格跳脫，大開大合，愛好頗多。塞內卡老成持重，利用道德去克制膽小心態和惡習雜念；普魯塔克似乎對這些弱點不以為意，不願稍加防範。普魯塔克皈依柏拉圖的學說，平和，入世。塞內卡更偏向斯多葛和伊壁鳩魯的觀點，與現實格格不入，我認為更適合個人修為，也更嚴苛。塞內卡似乎更能忍受他那個時代的暴政，因為我確信他指摘謀殺凱撒的功勞，是被迫做的；普魯塔克無拘無束。塞內卡的作品嬉笑怒罵，辛辣諷刺；普魯塔克的作品言必有中。塞內卡讓人血脈賁張，激動難抑，普魯塔克讓人賞心悅目，回味良久。前者替你開道，後者為你指路。

關於西塞羅，我有所助益的是那些道德哲學方面的文章。可是，莫怪我唐突（既然已經失禮，乾脆無所顧忌了），我討厭他的寫作方式，一成不變，前言、定性、類比、訓詁占據了

他作品的絕大多數。真正的精髓都被通篇的老生常談涵蓋。如果讀了一個鐘頭——對我來說已足夠漫長——回頭再想，一無所得。因為他還沒真正說出精闢的觀點，沒有解決任何疑惑。我只想睿智通透，不想淵博雄辯，這些藥方對我沒有任何價值，我想讓作家開篇先出論點，我厭倦了死亡和欲望的說教。我想讓他們說出牢不可破的論據，教導我怎樣應對難題。能夠解決問題的不靠絕妙的修辭，出色的文采；我想讓文章開宗明義，而西塞羅的文章迂迴曲折，讀不下去。這類作品適合授課、控訴和說教，好讓我們能夠打盹，一刻鐘後醒過來還能聽得連貫。面對法官、孩子和普通民眾，才需要用這種方式。這些照我看來全是廢話。我已經到了就說明做好了準備，完全沒必要飯前開胃或添枝加葉；哪怕是生肉我都能吃；這些虛偽客套，反而產生了反作用。

我覺得柏拉圖的《對話錄》繁複稠濁，然而讓內容不彰；柏拉圖這種聖賢，可以說更多的有意義的言論，不應該耗費時間寫那些莫名其妙的、空洞乏味的連篇累牘，讓我十分惋惜。我如此膽大包天，唐突聖賢，不知道是不能得到讀者的見諒？我無法欣賞他的美文，也許出自我的蒙昧。

我通常想看的是主要談學問的著作，而非拿學問作為裝飾的著作。

我愛不釋手的兩部著作，還有類似於老普林尼的文章，都沒有這些「請注意」的廢話。這些書是給胸有成竹的人讀的，即使有「請注意」，也是言必有中，可以單獨拿出來細講。

我也喜歡西塞羅的《給阿提庫斯的信札》，這本書不僅史料

詳實，還記錄了很多他的個人性格。因為，我對作家的心靈，向來非常好奇。透過閱讀他們的文章，他們人生的經歷，我們能夠熟悉他們的功業，可是無法洞察其習性和品格。

我無數次扼腕嘆息，布魯圖斯討論美德的那本書竟然失傳：因為從實踐家身上學習理論是非常有趣的。但是說理與說理的人是兩碼事，我既愛好在普魯塔克的作品裡，也愛好在布魯圖斯的作品裡體會布魯圖斯這個人。我想了解布魯圖斯陣前對戰士的訓話，更想知道他戰前，在營帳裡與朋友的肺腑之言，我想了解他大庭廣眾的言論，更想知道他私下的談論。

至於西塞羅，我認可別人的觀點；他雖然博學多識，但心靈並不崇高，他是個好公民，生性和善，好詼諧。可是另一方面，他追求安逸，貪慕富貴；他勇於大庭廣眾公布詩稿，這讓我無法容忍；作詩粗劣不堪也不是大的缺點，可是他一點也理解不到這些差詩大大玷汙了他的名聲。

我更愛讀歷史學家的著作；他們生動詳實，三思而行，通常來說，我想探詢的人物，歷史書中的形象相較其他作品，更栩栩如生，他們的個性、觀點精描細畫，各具特色。面對突發事件，心靈衝突豐富紛亂，鑽研事件的原因比研究事件的經過更重要，偏向內心甚於外因的歷史學家，我最感興趣，這也是為何我認為普魯塔克是最好的歷史學家的原因。

我很嘆息沒有出現過十來個與第歐根尼相類似的作家，抑或他這種作家沒被普遍接受和推崇。因為我對於這些古聖先賢的人生和生活比對他們的論點及思想更感興趣。

鑽研這些史料時，應該廣泛閱讀各類作品，古代的，現在

的，文筆優美的，文筆較差的，都需要讀，從中能夠得到各種角度的分析。可是我認為最值得深入探討的是凱撒，不僅僅從歷史的角度，只對於他本身，也是一個最好的典範，包括薩盧斯特（Sallust），無人出其右。

我細讀凱撒時，相較閱讀其他人的著作，有著更崇高的欽敬，時而動容於他的豐功偉業，時而起敬於純真典雅的文筆。像西塞羅所說，不僅超出了其他所有歷史學家，可能還包括西塞羅本人。凱撒對敵人的談論非常誠摯；倘若有什麼美中不足的，那是他美化掩飾自己的邪惡和妄圖，及對自己本身的守口如瓶。我認為，他如果只做了顯示在書本的那點事，他就無法做完那麼多的功業。我中意的歷史學家，要麼十分樸實，要麼十分優秀。樸實的歷史學家斷不會加入個人的想法，只會仔細的尋找資料，然後列舉在一起，也不挑選，也不揚棄，一心一意，照單全收，任憑讀者自己的判斷，這種歷史學家比如善良的尚·傅華薩（Jean Froissart），他寫作的心態自然誠懇，只要有人指正哪一條史料錯了，他一定承認和虛心改正。他有時會把荒誕不經的蜚短流長、捕風捉影也直接記錄下來。這是最直白、不成系統的史料，每人都能夠自己感悟，自己取捨。

一個出色的歷史學家能夠抓住關鍵，分辨真實的史料，體會當事人的身分和性格，分析當時的想法，並用當事人的口吻說出合適的話。他們擺出道理讓我們認可他們的觀點，可是為數不多的歷史學家才有這種資格和威望。在這兩類歷史學家之外的人（數量占多數）只會搗亂；他們事無巨細臆造全部，議論沒有規則，甚至要歷史迎合自己的觀點；由於自從評論有了

第十七章　論讀書

偏向，後人論證史實時，不由自主的受到干擾。他們妄圖挑選史實，常常掩蓋更具說明性的某些話、某些事；私自篡改理解能力以外的事，以自己拉丁語或法語能力，表述不清的東西也盡數刪掉。他們可以隨便展現文采，可以隨便拋出論斷，可是他們也應該為我們保留一些沒有刪改的內容，讓我們可以隨著自己的思考自由議論；我的意思是他們應該將史實原封不動的記載下來。

　　特別最近幾百年，通常是一些庸碌之人，會玩弄一些文字技巧就被挑選編纂歷史，似乎從歷史中需要學習的是如何寫漂亮的文字！他們有自己的想法，既然他們因文字功底而被選中，所以將心思都花在文字上了。因此他們道聽塗說的街談巷議，用幾句標緻的文字就能夠編繪出一篇美文。

　　最好的歷史書都出自那些親自指揮，親身經歷，或者參與過相似事件的人。這樣的歷史書絕大部分是希臘人、羅馬人寫的。由於是由諸多經歷者共同編著一個事件（現今也有很多這樣有膽魄有才氣的人），所以偶有失真也不會離譜，也許本身就是存疑的。讓醫生指揮打仗或讓兒童討論君王的謀略，又能學到什麼呢？

　　如果想知道羅馬人在這方面做得多麼精益求精，可以用一個案例來說明：阿西尼厄斯‧波利奧（Gaius Asinius Pollio）察覺到凱撒寫的某些歷史細節並不真實，原因是凱撒無法對自己軍隊的每項事務都面面俱到，片面相信了記錄下來沒有確認的報告，也許是因為他不在當場，副官代辦的事沒有跟他說清楚。

由此可知，探尋真相必須謹小慎微，打探一場戰鬥的真實情況，既不能單單依靠將領的一面之詞，也不能僅僅採信戰士的描述；只能採用庭審的方法，對比證人不同的證詞，務求任何細枝末節都有證可依。實話實說，我們對個人的事都有知之不深的。讓‧博丁將這方面闡述得很清楚，我完全認可他的想法。

　　很多時候，我拿起一本書，覺得是本沒看過的新書，可實際上我多年前就精讀過，還到處寫著注解和感受；為了避免記憶偏差和徹底忘記，最近我又按照原來的辦法，在一部書最後（指的是僅看過一次的書）注上看完的日期和一些評述，起碼能使我想起初次看時的基本認知和看法。我想在此轉述一些注解。

　　以下是我十年前寫在圭恰迪尼（Guicciardini）的一本著作裡的注解：作者是一位勤勉的歷史學家；我認為，他在書中對當時歷史的如實描述，是無人能比的，畢竟大多數情況下，他本人就是參與者。也沒有跡象顯示，他可能因仇怨、偏頗或妄自尊大而歪曲歷史，他對當時叱吒風雲的偉人，特別是那些栽培、器重他的人，做出的評述都是確鑿的。他重點凸現的部分，也就是他的引申和評述，當中不乏精妙之處，只是他太過執迷此道了；又由於他知無不言，言無不盡，他就有點絮絮叨叨了。我還發現一點，他談論了如此多人和事的初衷和企圖，完全沒有談到品德和良知，就當這些都是虛妄的；談及一切行為的原因，不管表達出的如何崇高，他都認為是出於私心和歹意。他談論了無數的行動，竟然沒有一次是出於理智，這是讓

第十七章　論讀書

我無法接受的。難以置信天底下的每個人都居心叵測，沒有任何人潔身自愛；這難免讓我疑心他自己是不是心術不端，並且以己度人。

我是這樣注釋菲利普・德・科米納（Philippe de Commines）的一本書的：語言雅致暢達，稚趣十足；敘述淳樸自然，可以感覺到作家的無比真誠，說到自己崇尚自然，說到別人不偏激不豔羨，他的說理與勸解非常坦誠而又熱烈，沒有自高自傲，一本正經，能夠看出作家出色的教養和見識。

我是這樣注釋杜・貝萊兄弟的《回憶錄》的：拜讀親臨者記錄的耳聞目睹，非常愉快。可是也必須看到的是在他們身上，欠缺先賢如儒安維爾（Jean de Joinville，聖路易王的隨從）、艾因哈德（Einhard，查理曼大帝的近臣）、近代菲利普・德・科米納寫作的率真和坦蕩。它很難稱之為歷史書，更像是一篇法蘭索瓦一世駁斥查理五世皇帝的宣言，我並不質疑他們歪曲事實，可是常常無端的規避對事件的剖析，也迴避了他們的主公面對的難言之隱。例如對德・蒙莫朗西（de Montmorency）和布里翁（Brion）失去榮寵隻字不說；對埃唐普夫人（Etampes）有意省略。祕聞不妨隱藏，可是家喻戶曉的事，特別這些事牽涉面廣，後果嚴重，守口如瓶是無法容忍的汙點。總而言之，想要充分研究法蘭索瓦一世及其時代，應該找別的書參考。這本書的優點是對於親歷的戰爭有獨特觀點，還記錄了當時一些君王非公共場合的談論和逸事，朗傑領主紀堯姆・杜・貝萊（Guillaume du Bellay）主理的交流和協商，書裡的這些事寫得不錯，文章也不落窠臼。

第十八章
論後悔

第十八章　論後悔

其他作家經常喜歡教導別人，我卻喜歡描述別人，並且專門描述他們其中之一；這個人受到的教導極其失敗，若是我有重塑他的機會，肯定能將他培養成截然不同的模樣。但是現在已成定局。我描述的形象即使千變萬化，卻是真實的事實。地球無非是一個永恆飄搖在宇宙中的鞦韆，大千世界，萬事萬物均在持續的搖盪。大地、高加索高山的岩石、埃及的金字塔概莫能外。所有事物不僅僅由於整個地球的搖盪而搖盪，並且單獨個體自身也在搖盪。所謂的恆定，僅僅是一種相對緩慢的晃動。我無法準確掌握所描述的對象。他渾渾噩噩、步履蹣跚的前行，就像一個永遠迷糊的醉鬼。我只能針對此時此刻我能看到的他。我不詳述他的全部人生，我描述他的改變：不是從這個年歲到下一個年歲，── 抑或像常說的，從這七年到下個七年 ── 的改變，而是指從今天到明天，從前一分鐘到下一分鐘的改變。務必將我描寫的事密切結合時間，因為我隨時隨地就會變，不僅處境在改變，並且意圖也在改變。這裡記錄了形形色色千變萬化的事件，還有各種狐疑不決、乃至截然想法的觀點；也許是因為我已改變成了另一個我，也許是因為我處在不同的環境，變更不同的眼光捉拿我描述的客體。整體意思是，我極可能會駁斥我自己，但是，這是現實，就像德馬德斯（Demades）所言，我堅決不會違反真實，如果我的思想能夠靜止，我就停止探尋自我，而是總結自我了，但是我的思想一直處在學習和探索的階段。

我在這裡展現的是普普通通且欠缺輝煌的一生。這也不妨。道德哲學不僅適用於波瀾壯闊，榮耀光彩的人生，也適用

於普通大眾、日常平淡的生活，每個人，無論平凡或偉大，均是整體人類境況的縮影。

作家們更傾向於向大眾展現自我特殊的奇妙，我是首個向大眾展現無所不有的自我整體的人；我作為米歇爾‧蒙田，而絕非作為文學評論家，詩人，或法律研究家和大眾談心。假如讀者埋怨我評論自我太多了，我還要埋怨他們居然不思索自己。

可是，一個自行其是的人，並不想藉文章在大眾中傳播名聲，也不想以我的如此柔和的氣質，在這個非常重視雕琢和工巧的世界上，塑造一種天然去雕飾，清新淳樸的效果。大家都會覺得，編著一部作品卻不講究修辭和技巧，簡直就和砌造一道高牆而摒棄石頭或其他　材料沒什麼區別？音樂作品的構想離不開技巧的指引，我的著作的構想卻是隨心隨性。在文學範疇內，至今像我一樣對描述的客體認知和領悟得如此透闢的人還沒有出現，就此說來，我是世間最淵博的學者；另外，從未有任何作家對其寫作的題材研究得這麼透澈，對題材的每個部分闡述得這麼細膩；也從未有人比我更精準、更完整的達到作者創造作品定下的預期。為了讓作品止於完美，我只需要給予誠實；而它確實是誠實的，誠實得真切而純正。書中都是實話，雖然不見得是我想說的全部，卻是我勇於說出的全部；而我日漸老去，敢說的也更多了，理由是，遵照習俗傳統，人步入老年後就能夠更自在的評頭論足，更能肆無忌憚的評論自己了。這裡不會出現我時常發覺的事，就是作者和他的作品大相徑庭：一個談吐儒雅的人怎麼能寫出如此愚昧的文字？或者：

第十八章　論後悔

如此微言大義的文章竟然出自一個沉默寡言者的筆下？他的言論非常平庸，但他的文章竟這般卓犖不羈，莫非這才華是從哪裡剽竊的，而不屬於他自己？要知道，一個學識出眾的人也不能懂得所有事，而一個才華出眾的人能夠每時每事顯示自己的才華，哪怕在他並不懂的事情上。

我的文章和我本人非常貼切，格調相同。對別人，大家能夠不談作者本人而敬仰或譴責他的文章，對我卻做不到：涉及我的書就是涉及我本人。誰想要評論我的文章而不熟悉它的作者，那他的損失要遠遠大於我的損失；誰明悟了我的書，也是對我本人最大的告慰。倘若大眾認可，我使明智的人覺得我擅長運用知識 —— 如若我真有知識，並認為我應該獲得記憶力更多的幫忙，如此我的欣慰便遠遠超過我做的好事了。

我經常說自己極少會後悔，我的良心對自己也很滿意，自然做不到天使或馬那樣問心無愧，卻是作為人所能體會到的問心無愧，我將在這裡闡述這句話；同時我還要加上另一段老生常談（絕非由於客氣，而是發自肺腑），即我談論時自己也心中沒有底，也在疑惑和探究，關於答案，我只寄希望於大家各自所悟。因此我不會教育人，我只是訴說。

邪惡，真正的邪惡一定會造成傷害，一定會受到大眾輿論的譴責；邪惡是如此明顯的面目可憎，因此有些人覺得邪惡主要出自於愚昧無知的人，應該是說得通的，因為無法想像有人明知是邪惡的而不厭惡它。多數歹心能夠分泌出毒汁，而且被自我分泌的毒汁反噬；而邪惡卻在內心刻下懊悔的烙痕，這懊悔就像身體裡的一塊潰爛，持續的腐爛和淌血。理性能消弭其

他的各種煩惱苦悶，但卻萌發出懊悔，懊悔比任何煩惱苦悶更沉痛，由於它來自心靈，就像身體發燒時感到的冷和熱相比天氣傳來的冷和熱更難捱。我認可的邪惡（每人都有自己判斷是非善惡的圭臬）不僅僅是理智和天性所詰責的，還包含大眾輿論公認的，因為即使輿論是缺乏根據和錯誤的，但只須得到律條和風俗的肯定，受輿論詰責的舉止就組成了邪惡。

　　與此類似，任何一件善舉都能讓品德崇高的人由衷快樂。自然，我們做了善事，自己同樣也會感受到一種妙不可言的快活，心安理得時會感受一種純真的驕傲。罪惡而膽大包天的心靈或許能覺得毫無顧忌，可是那種泰然自樂、俯仰無愧的感受，它是無論如何領略不到的。自認為能夠出汙泥而不染，對世風日下能夠不受其害，能欣慰的對自己說：「即使捫心自問，審慎至心靈深處，也沒有任何可以自責的往事，我從未帶給別人苦難及損失，我沒有復仇欲和怨懟心，從來沒有觸犯道德及法律，從來沒有鼓動過變亂和動盪，從來沒有說話不算數，並且，雖然現在人心不古，有人放任甚至唆使別人傷風敗俗，可我從不謀奪不屬於我的錢財，向來自立謀生，不論兵荒馬亂，還是太平盛世，我也從來沒有占過任何人的便宜。」這絕對算是非同尋常的快樂，而這種純真的快樂是對善舉無比龐大的、也是獨一無二最可靠的回報。

　　把其他人的稱頌當作自己做善事的報酬，這種報酬既不穩妥、又不確切。何況在當今這個世道，貪腐橫行，蒙昧遍地，百姓的稱頌甚至算是一種羞恥，你能信誰的話呢？誰能判斷是非對錯呢？願上天垂憐，我不想每天看見那種大眾所描寫的善

第十八章　論後悔

人。往日的邪惡如今竟成風尚。我的一些朋友時常直言不諱的指摘我、詰責我，他們有時出於主動，有時出於我的鼓動，我把這當作是朋友之間的義務；對一個素養很高的人而言，這種義務不論帶來的好處還是蘊含的深情，都遠勝過其他的朋友幫助。我總是畢恭畢敬、心存感激的傾耳細聽，當然現在回過頭來細想，我也認為朋友的指責和讚許中有很多不正確的準則；我要是完全遵照他們的指點，肯定會把事情弄得更糟。我們這種人，多數時間深居簡出，很少出席公開場合，心靈深處要有一個模型，用這個模型來審視自己的所作所為，判斷自己是做對了，還是做錯了。我內心有一套法規，有自己的審判庭來對自己判決，我時常求它們幫忙，而很少向外人詢問。固然，我也用外人的見解來約束自己的舉動，可是我只按照我的模式來揚棄這些見解。你是否怯懦、殘暴，是否正派、恭敬，只有你自己了解；別人看不穿你，他們僅僅靠似是而非的揣測來忖度你；他們看在眼裡的是你的表面而絕非你的本心。所以，不能對他們的判斷信以為真，要對自我的判斷充滿自信；「要充分調動你自己的判定能力，」「個人對是非善惡的認知是最重要的：拋棄這種認知，則一切必將倒塌。」

有人說，悔恨緊隨著罪惡，這話應該對於牢牢占據我們內心，似乎已在那裡生根發芽的那種罪惡並不適用。我們能懺悔和改過由於一時頭腦發熱或猝不及防而犯下的罪惡，可是，那種日積月累、盤根錯節，並且深深埋藏在死不悔改的人身上的罪惡是難以改變的。懺悔意味著推翻我們的最初想法，自己駁斥自己，叫我們四處碰壁，進退失據。有時候，懺悔竟然能讓

一個人否定自己往日的善行：

為什麼小時候的思維和如今想的不一樣？
為什麼成年後便開始面目可憎？

—— 賀拉斯

連一個人的生活也堅持井井有條，這才是單純美好的生活。每人都是個演員，在眾目睽睽之下，在人生舞臺上裝扮成謙謙君子，可是在私底下，在心靈深處，在能夠為所欲為，並且不會暴露的時候，仍然克己奉公，安分守法，這才是最完美的道德。在個人家庭和平素生活中能做到，也趨於完美了，畢竟在家裡是不需要謹小慎微，不需要刻意造作的，平素的行動坐臥是沒必要向什麼人解釋的。比亞斯就曾無比欣慰的描述自己的家庭：「一家之長在人前會顧忌律法和輿論，但是我在社會上怎麼做派，在家裡也同樣什麼做派。」尤利烏斯·德呂絮斯回答工匠的話讓人陷入深思；工匠說，他若肯支付三千埃居，他們就能把他的住宅建設得密不透風，從外面什麼也瞧不出來，他回答：「我支付六千埃居，請把我的房子建造得無論誰不管從外面哪個角度，都可以把屋內看得一目了然。」一個人在外界極受推崇，讓人欽佩，可他的妻兒和隨從卻瞧他很普通。能夠得到自己隨從欽敬的人並不多見。

史料說明：任何人也很難被家裡人和周圍人看成預言家。小事上也是這樣。接下來我們可以從一個普通案例管中窺豹。在我的故鄉加斯科涅，人們得知我的文章刊印出版都非常詫

第十八章　論後悔

異。距離我的家越遠，我的名聲越大。在吉耶訥[80]，我掏錢才能請出版商刊印我的文章；在別的省分，出版商掏錢買我的書稿。有些人生前故意不顯山露水，為的是身後可以名聲大噪。我寧可不要榮耀，我投身社會是為了獲得快樂和教導，不在這個範疇的東西，我不屑一顧。

群眾用崇敬的目光將一位掛職還鄉的官員送回家門口，他沒有了職位和官帽，他原先地位越高，現在就跌得越低，家中的全部都混亂不堪，一塌糊塗。即使有任何條理，也一定需要十分銳利、非比尋常的判斷力才能在日常平淡的生活中整理清楚，況且條理本來就不是明亮清晰的東西。攻克一個要衝，帶領一個團體，治理一個國家，自然威風凜凜。操持家務，教導孩子，日常開銷，人情送往，是不受關注的尋常事，但是能在尋常事上做到公平安寧，持之以恆，言行一致，可是更加求之不易的。所以不論社會輿論怎麼說，我覺得隱居田園的人像比別人擔負著一樣的，甚至更加沉重的責任，亞里斯多德認為，勞苦大眾弘揚高尚的情操要比當高官的人更難，功績也更大。我們總想著完成彪炳史冊的功業，通常是由於權欲，而非出於良知。說實在的，得到榮耀的最好途徑就是依靠良知，做那些為求功名利祿而進行的事業。所以我覺得，亞歷山大大帝馳騁在他那光輝耀眼的舞臺上展現出來的道德情操，不如蘇格拉底在日常的鮮為人知的活動中表現的道德那樣崇高。我可以想像蘇格拉底若身處亞歷山大大帝的位置上是什麼樣子的，可亞歷山大大帝身處蘇格拉底的地位上會是什麼樣子的，卻很難想

---

80 吉耶訥（Guyenne），法國歷史上曾經存在的一個行省，加斯科涅所在省。

像。如果當面問亞歷山大，你可以做什麼，他會回答：「降服世界。」如果問蘇格拉底，你可以做什麼，他會說：「遵照人的天性狀態，過人的生活。」而後者是真正的更具廣泛價值、更合情合理、更深奧艱鉅的學問。精神的價值不取決於地位高，而取決於行事正。

精神的崇高不展現在自視甚高，盛氣凌人，而展現為有理有節，做事有分寸。有些人根據我們的本性、品德來評價我們，這種人對我們在公共事務中表現的才幹並不在意，覺得那些僅僅如河床汙泥淤積的河流也能濺起幾朵水花一樣；有些人以表象來品評人，由我們的外觀判斷我們的內在品格，他們僅僅能夠看到我們及他們普遍存在的身體機能，可無法由此設想到我們有他們豔羨不已、夢寐以求的本事。我們不都覺得魔鬼一定長得醜陋可怕嗎？不都認為帖木兒（Timur）長得掃帚眉，朝天鼻、凶相畢露，而且只聽名字就斷定他身材魁梧嗎？如果我能親眼看見伊拉斯謨[81]，我想當然認為他對周圍人也一定出言必是名言警語。依據一個手藝人的打扮和他妻子的舉止來設想他的家居生活很簡單；但是從一個高等法院院長威儀非凡的動作和才幹來設想他的日常生活卻非常困難得多，因為這些人好像無法從高高在上的位置走進日常的家長裡短。

心靈充滿罪惡的人一時受到某種周圍的情感刺激也能做出善舉。有時，心靈崇高的人一時受到某種外部環境的刺激也會

---

81 伊拉斯謨（Erasmus，西元 1466 ～ 1536 年），文藝復興時期尼德蘭（今荷蘭和比利時）著名的人文主義思想家和神學家，為北方文藝復興的代表人物。

第十八章 論後悔

做出惡行。所以應該在一個人處於平穩的情態下，或者將他回歸日常家庭的情態下來評判他，或者起碼在他趨於平靜的情態下評價他。先天的性格偏向能透過教導和鍛鍊得到提高和鞏固，卻很難被扭轉和消除。我早年目睹不少人掙脫與天性相矛盾的教化，朝著好的或壞的傾向變化。

> 當猛獸長年遠離森林困於牢籠，
> 牠們日漸溫順喪失原來的凶悍，
> 只需要一點血滴進牠的血盆大口，
> 野性和凶殘剎那間被喚醒，
> 沾到血腥，喉頭發鼓，熱血沸騰，
> 可憐馴獸師，大禍臨頭，瑟瑟發抖。

—— 盧卡努斯

將天性斬草除根我們是辦不到的，能做的僅僅是遮掩它，藏匿它。拉丁語不啻我的母語，我對它的掌握較法語更熟練。雖然四十年沒用拉丁文交談和拼寫了，但在感情衝動到極點時（這種情境我平生僅碰到兩、三回，其中一次是父親猝然仰面摔倒在我身上，並昏迷不醒），我下意識喊出的前幾句話總是拉丁文；天性就是這樣突如其來的衝開習慣的束縛，奪門而出。這個案例能闡述很多問題。

那些企圖用新的觀念來審視現下社會習氣的人，頂多能變革社會的外觀弊端，但實質上的邪惡，他們即使沒有讓其擴伸和加劇，至少也讓它紋絲未動。顧慮邪惡會闊伸和加劇絕非信口雌黃，由於人們停滯於外觀的、任意的變革，便通常忽視其

他善舉；而變革能產生事半功倍的效果；如此一來，人們就不再理會那些實質的、潛在的邪惡。請訴諸自己的體驗，每個人——只要他諦視自身——都能覺察到身上有一種根深蒂固的、占據絕對優勢的固有形式，這種固有形式無時無刻不在和後天教誨及與它相齟齬的感情做著爭鬥。說回我自己，我極少感覺自己受到紛亂的侵擾，我好像總是處在習以為常的狀態，如同那些不常移動的笨重物品。哪怕我心神不定，也不會飄蕩去太遠。我的任性不會把我帶去遠方。我不會發出偏激和詭祕的言行，卻會產生激烈而有益的思想發展。

真正該詰責的——並且是人類行為隨處可見的——是人們的反躬自省也經常充斥著腐化和齷齪：洗心革面的思維讓他們玷汙和扭曲了，懲處的方法是不健康的，邪惡的，與行凶作惡沒什麼區別。有些人，也許出於與邪惡有天然的連結，也許由於邪惡已經習以為常，他們已不覺得它面目猙獰。還有一些人（包括本人在內）為自己的罪惡感到內疚，但從中獲得的趣味往往彌補了帶來的內疚感，所以他們忍受罪惡，而且不惜一定的代價沉迷其中，難以自拔。因此，那些為了一點微弱的快樂而身犯大罪的情況也許是能夠理解的。就如同我們剛才所說的名利與真誠的關係。不僅像乘人之危謀取私利這類偶然做的、尚不足以稱為罪惡的行為是這樣，並且像花天酒地這種肯定算是罪惡的行為也是這樣。因為好處非常豐厚，並且，有時是難以抵抗的。

有一天我在位於阿馬尼亞克的一位親戚的領地裡偶遇一個農民，被人叫作「小偷」。他向我陳述了他的出身：他自小就

討飯為生，他覺得靠賣勞力賺錢不能擺脫窮困，所以想去當小偷。他的年少時代都是在偷盜中混過來的，仗著年輕力壯，一直安全無恙，他收割別人田地裡的糧食和水果，但由於他偷盜的地方離家很遠，偷的數量龐大，大家不會想到一個人一晚上能扛回那麼多糧食；並且他有意分散的偷，平攤他帶給別人的損失，使每個受害者的損失不至於很大。如今他日漸老去，算得上是農民裡比較富裕的了，而全是靠著當年的鼠竊狗盜起家的，這一點，他公開場合並不諱言。為了尋得心理安慰，他宣稱現在每天都會為被當年那些受害人的後代做善事，如果他還不完（在他的餘生是無法還完的），就讓他的子孫後代繼續去還，依照他對受害者造成的損失大小進行賠付。他的說辭不論真假，都證明他認為偷盜是一種不好的行為，而且憎恨它（自然達不到憎恨窮困的程度），他的悔改方式直截了當，他的罪惡被對消和彌補後，他便不懊悔了。比不上那種將整個人混同理性和罪惡熔於一爐的壞習慣，也比不上那種經常騷擾和蒙蔽我們的內心，將我們 —— 包含判斷力和全部 —— 突然刮進邪惡洪流的陣陣暴風。

　　我從來都是自行其是，維護一個完好的自我；我的行為沒有一件是需要逃避理性的，我做的任何事差不多都能得到全身心的贊同，不存在內心的割裂和紛擾。我靠自己的是非標準決定是與非、美與惡，並且只要它認為是錯誤的，就一定會堅持。自我有判斷能力，我就始終如此：一樣的偏向，一樣的路徑，一樣的力量。面對一些普及的問題的觀點，我孩童時代就站穩到今天認為是對的立場上。

有些罪惡來勢洶洶，我們暫且不談。但另一些罪惡是經過多次心理抗爭並且明知故犯的，也許是性格決定的，乃至已當成事業和謀生手段；這種罪惡在一個人的內心如此根深蒂固，無法想像沒有得到他的理性和良知的稱許和認同。所以他自己說的懺悔，著實讓我們無法置信。畢達哥拉斯流派覺得：「人走近神的雕像接受神諭時，便獲得了一副嶄新的靈魂。」我無法認同這種看法，除非它的含義是，人在接受神諭時，他的靈魂一定和他原有的不是一個，一定是全新的，是專門為這一預定場合而置備的，因為他固有的靈魂太不純真，不適合這一聖潔的儀式。

　　針對所有觀點，畢達哥拉斯流派都反對斯多葛主義的觀念。後者要我們改悔我們在自身察覺的缺陷和陋習，但認為我們由此感覺懺悔和悶悶不樂也不應該。前者讓我們認同，他們對自身的缺陷和陋習深深的自責和懺悔，可我們看不出一點他們洗心革面，重新做人的想法。但是不袪除病根，就不能說病好了，如果將懺悔與罪惡放在天平的兩端，懺悔比罪惡要重。我認為偽裝虔誠是最簡單的 —— 倘若不按神的諭示去更正自己的一言一行的話。虔誠的本質是深邃的，玄妙的，但表達卻是簡單的，誇大的。

　　關於我，我可能在整體上期盼自己是另一種模樣，也許對自己整體不知足，而且盼望上蒼將我徹底重造，消去我天生的柔弱。但是這種想法好像不算是後悔；而且，遺憾也不能算是後悔。我的行動有自己的標準，並且貼合我的聲望和職務。我已用盡全力，而對力不從心的事也不會後悔和歉疚，我認為，

第十八章　論後悔

天賦比我好、素養比我高的人不可勝數，但是我不會因此而讓我的天賦和素養更優秀。就像我的軀幹和心靈不會由於遐想他人的強壯而變得更強壯一樣。假如遐想和盼望更崇高的行為，能夠讓自己生出對自我行為的懊悔，那麼我們連最純真的善行也應該後悔，因為我們知道比我們更傑出的人一定會做得更盡善盡美、更細膩周到，而我們也想見賢思齊。當我憑藉暮年的眼光審視我年少的行動，我認為它們都正派而規矩，我做了力所能及的事情。我能夠驕傲的說，如果情況相同，我會持之以恆。這算不上是我的一個缺陷，這就是我行為的本質。我不懂得那種表面的、庸碌的、做作的懊悔是什麼東西，我想像的懊悔一定要能夠震撼我的軀體和內心，讓我肝腸寸斷，就像處於上天的注視下。

說到做買賣，因為操作不當，我喪失了很多良機。但是我的判斷是準確的，是根據當時的境況而做出的，我做決定全是依據簡明、穩健的準則。我覺得，我當時的判斷是理性的，即使時過境遷，還面臨同樣的境遇，我還會做出同樣的選擇。我不管現在如何，而重視我面臨它的時候如何。

所有的決斷都離不開時間單獨存在，境況和事物本身均在持續的運動和變化中。我生平中有數次慘重的，舉足輕重的過失，並不是由於沒有好點子，而是由於沒有好時機。我們觸及的事物都有詭祕難測的細節，特別是本性中那些藏形匿影的、不易覺察的、連本人都不甚了了的東西，它們在意料之外的境遇下猛的暴露、醒悟。假如我的理性與謹慎沒有能夠洞悉和預測那些詭祕的東西，我並不自責，畢竟它的能力局限在一定的

範疇裡，假如事情的結論證實是我的過錯，而我排斥的對方是對的，那也無所謂，我不自怨自艾；我抱怨命運，而不斥責我的做法；這也不叫後悔。

福基翁[82]曾為雅典人出謀劃策，但被棄之不理，而事態的進程與他的預判矛盾。於是有人問他：「看到了吧，福基翁，事態發展得如此順風順水，你開心嗎？」「我很開心，可我對於當時自己提出那樣的觀點，並不覺得後悔。」當我的親友們來問我的意見，我向來坦率明言，並不會如絕大多數人一樣，顧慮可能的意外，掛念事實可能跟我的觀點截然想法，擔憂明友們抱怨我的直言，因此而躊躇：這對我無關痛癢。因為責備我是他們的錯誤，我卻不應該袖手旁觀，謝絕發表意見。

我倘若犯了錯或遇了難，只會埋怨自己，不會抱怨他人。若不算禮貌性的禮讓，不算我由於需要向別人探尋經過之外，我極少聽取別人的建議。在一些需要自己下判斷的時候，別人的建議僅供我參考，卻無法讓我改弦更張。我稱頌的謙遜的聆聽別人說道理，但自從我有記憶以來，直到今天，我只相信我本人的道理。照我看來，別人的意見就像蚊蠅或塵埃在我眼前飄蕩，只能使我頭暈目眩，不知所措。我不很認可自己的建議，可我也不認可別人的建議。命運恩賜我應得的酬勞，我不接納忠告，我也很少忠告別人。很少有人向我請教，按我建議執行的人更少，我想不出來我的意見扭轉或更正過哪件大眾公務或個人事宜。有些人情願被他人的意志所駕馭，即使命運

---

82 福基翁（Phocion，西元前 402～前 318 年），古希臘雅典政治家和軍事將領。

第十八章　論後悔

沒有任何拴住他們的表示。鑒於我是個既愛惜職務，又看重寧靜的人，我覺得這種狀態更好；不徵求我的意見，讓我享受寧靜，這是符合我的公告的，我曾廣而告之要安頓自己的一切，很高興對別人的事置之不理，並放棄挽救他人的責任。

當事情成為昨天，不論好壞，我不會後悔。因為，認為它們就該這樣，我就沒有了煩惱。過去的事已不受人為控制，你的意願、設想絲毫不能讓其變化；萬事萬物的發展秩序，從前和未來，都無法倒置。

並且，我厭惡歲月帶給人的那種偶爾的後悔。有位先人曾說，他非常感激年齡的增長讓他從七情六欲中得到解脫。我的觀點與他迥然不同。我絕對不會感謝無能，即使它帶給我好處。人到暮年，情欲逐漸平淡，一種完全的滿足感控制了我們的內心。但是這和自覺毫無關係。暮年的鬱鬱寡歡與氣喘吁吁使我們看上去怯弱和不健康。我們不能在身體逐漸衰敗的同時，讓判斷能力也隨之退化。當年，芳華正茂和快意歡暢沒有阻礙我在欲望中發現邪惡的存在，現在，衰退和厭煩也沒有阻礙我在邪惡裡發現欲望的身影。如今我雖置身事外，用和當年身臨其境一樣的眼光看待欲望。當我拚命的、盡量的逃離它時，我察覺，相比年少輕狂的歲月，我今天的理性並沒有更堅韌，而且，隨著年齒徒增，它甚至還有衰退的跡象；現下，為了我的健康，理性不允許我花天酒地，就像過去一樣，它為我的心靈健康著想，也不允許我那樣做。我沒有因理性已放棄角鬥，就覺得它更勇猛，我受到的引誘非常軟弱，用理性防禦沒必要，只要隨便揮揮手就能驅散。如果讓我今天的理性去抵禦

當年的欲望，它很可能只有繳械投降了。我很少用它判定其他東西，除了判定它自身，它也沒顯示出來比過去更明智。所以，假如想修復它，也只能是一種不全面的修復。

靠得病謀求健康，這種治療方法何其悲哀！不能靠厄運去挑起這項任務，而必須憑藉我們完備的決斷能力。我不會用攻擊和損傷的方式去做任何事，我憎惡這種方式。這種方式只對那種鞭笞才能覺醒的人有用。我的理性在安定和諧的氛圍下更得心應手，相比於剖析快樂，它剖析悲痛時更迷惑和無助。晴空萬里，我能看得更清晰；心平氣和，我的思想更清澈。健康比病痛更放鬆，更快樂，所以更有效的告誡我頤養身體。得病了，對安享健康的期盼，讓我更用心的養病。如果我淪落到選擇年老體衰，放棄朝氣蓬勃的田地，那麼我將羞愧難當；如果人們不想我年輕的樣子，而只看到我現在的風燭殘年，並憑這些來議論我，那麼我會非常不平衡。照我看來，人最大的快樂是幸福的生活，而絕非安提西尼[83]所言，是幸福的去世。我向來厭惡把一個哲人的尾巴強加在一個已經終結的人的身上，也不打算讓這醜陋的尾巴否決我人生最純美、最健康、同時也最漫長的那段經歷。我願意展現在世人面前一個完整的我。假如有來世，我還要用今生的方式再活一次；我不抱怨過去，也不畏懼將來。我對自己沒有失望，而且心口如一，我最該感謝命運的就是：我的軀體狀態的每一段落都適逢其會：我走過了人生的發芽，綻放，成熟，即將面臨人生的凋謝；非常好，因為這是自然而然的事情。我從容不迫的接受疾病，因為它們恰逢

---

83 安提西尼（Antisthenes），古希臘犬儒派哲學家。

第十八章　論後悔

其時，因為它們讓我欣慰的回想起消逝的、漫長的、無比快樂的生活。我的聰明程度在暮年和壯年時相差無幾，但壯年時更有成就、更有生機，也更雅致、更生動、更純美，而如今則有點陳腐、遲緩、陰晦。所以我也不會再對它做難以預測且艱難的變動。

　　我們的內心必須時時拂拭，我們的良知必須透過強化理智而不是消減情欲的方式做自發的提高。情欲本身既不萎靡，也不昏暗，不會由於我們看它的眼睛混沌而變化。我們歌頌制欲和操守，是因為這些道德自身的高潔；假如我由於罹患重病不得不制欲和保持操守，那不算真正的制欲和操守。假如我們對情欲毫不了解，也從來沒有嘗試過它的味道、感受過它的力量，體會過它的魔力，我們就不應該誇耀自己能夠輕易打敗情欲。而我熟悉它，所以我有資格說。但是我覺得遲暮之年，容易汙染我們心靈的汙點和缺陷比起壯年時更固執、更討嫌。少年的我就這麼覺得，如今，風燭殘年，聲名在外還這麼覺得。我們經常將性格乖張、憤世嫉俗叫作英明。可實際上，我們並未消弭陋習，而是染上了另一種陋習，並且我的感受，是染上了更惡劣的陋習。除了愚昧、傲慢、嘮叨，暴躁、孤僻，執迷，計較、吝嗇這些汙點外，我認為老年人身上還存在著年輕人不常見的，更多的嫉妒、偏私和歹心。歲月在我們臉上留下皺紋，但在我們心靈上留下的皺紋更多；身體蒼老基本不會沒有酸腐之味。人的軀體和心靈是同時生長和枯朽的。

　　透過研究蘇格拉底晚年的誠言和判決，我敢保證，他做的不好不是故意的，而是由於，年過七十的他，本來迅捷的思想

不可避免的遲緩了，向來明智的腦筋不可避免的迷糊了。

　　現在，我在親近的人身上，眼睜睜瞧著思想的驚人衰退！這是一種無法抗拒的病，它順其自然的、潛移默化的進行著。必須大量的學習，萬分的謹慎，才能消弭它帶給我們的汙點，或許延緩這些汙點的惡化。我認為，即使我時時提防，它依舊咄咄逼來。我盡力維持著，但我不確定最後會被逼到哪步田地。不論結果怎樣，只有人們了解我是在哪裡被壓垮的，我就知足了。

國家圖書館出版品預行編目資料

法國思想家蒙田的人性教育：兒童教育、父子情、學究氣、人與人的差異，
《隨筆集》中的教育思想 / 米歇爾·德·蒙田 (Michel de Montaigne) 著，
于彩虹 譯 . -- 第一版 . -- 臺北市：崧燁文化事業有限公司 , 2023.02
面；　公分
POD 版
譯自：Les essais.
ISBN 978-626-357-015-3(平裝)
1.CST: 蒙田 (Montaigne, Michel de, 1533-1592) 2.CST: 教育哲學
520.11　111020721

法國思想家蒙田的人性教育：兒童教育、父子情、學究氣、人與人的差異，《隨筆集》中的教育思想

作　　著：[法] 米歇爾·德·蒙田（Michel de Montaigne）

翻　　譯：于彩虹

發 行 人：黃振庭

出 版 者：崧燁文化事業有限公司

發 行 者：崧燁文化事業有限公司

E-mail：sonbookservice@gmail.com

粉 絲 頁：https://www.facebook.com/sonbookss/

網　　址：https://sonbook.net/

地　　址：台北市中正區重慶南路一段六十一號八樓 815 室

Rm. 815, 8F., No.61, Sec. 1, Chongqing S. Rd., Zhongzheng Dist., Taipei City 100, Taiwan

電　　話：(02)2370-3310　　傳　　真：(02) 2388-1990

印　　刷：京峯彩色印刷有限公司（京峰數位）

律師顧問：廣華律師事務所 張珮琦律師

官網

臉書

-版權聲明

定　　價：299 元

發行日期：2023 年 02 月第一版

◎本書以 POD 印製